W Schwarze

Vergangenheit und Zukunft des Centrums im Reichstage

Historisch-statistische Studie

W Schwarze

Vergangenheit und Zukunft des Centrums im Reichstage
Historisch-statistische Studie

ISBN/EAN: 9783743613447

Hergestellt in Europa, USA, Kanada, Australien, Japan

Cover: Foto ©ninafisch / pixelio.de

Manufactured and distributed by brebook publishing software (www.brebook.com)

W Schwarze

Vergangenheit und Zukunft des Centrums im Reichstage

Vergangenheit und Zukunft des Centrums im Reichstage.

Historisch-statistische Studie

von

W. Schwarze
Amtsgerichtsrath.
Mitglied des deutschen Reichstages.

1897.
Verlag der Germania, Act.-Ges. für Verlag und Druckerei, Berlin.

Die Zeit der Parlaments-Neuwahlen rückt wieder heran. Im Jahre 1898 findet die erste fünfjährige Session des Reichstages ihr natürliches Ende und werden die Neuwahlen wahrscheinlich im Monat October 1898 vorgenommen werden. Es dürfte deshalb und namentlich mit Rücksicht auf den zu erwartenden verstärkten Wahlkampf schon jetzt an der Zeit sein, Umschau zu halten, zu rüsten, wo es gilt, einen neuen Wahlkreis zu erringen, alle Kräfte anzuspannen, wo es gilt, schwierige Wahlkreise zu behaupten. Für das Centrum ist dieses um so nothwendiger, als es in allen Wahlkreisen alle anderen Parteien zu Gegnern hat, also ganz auf seine eigene Kraft angewiesen ist. Nur dort, wo es in die Stichwahl kommt, findet es zuweilen Unterstützung, aber nur dann, wenn in diesem Wahlkreise eine erhebliche Anzahl socialdemokratischer Stimmen vorhanden ist. Kommt nämlich der Centrums-Candidat dort mit einem Socialdemokraten in die Stichwahl, so wird seitens der bürgerlichen Parteien in der Regel Wahlenthaltung vorgeschrieben, es stimmt aber doch ein Theil der Wähler dann für den Centrums-Candidaten; kommt der Centrums-Candidat aber mit einem Candidaten der bürgerlichen Parteien in Stichwahl, so giebt die socialdemokratische Partei ebenfalls, wenn sie es nicht vorzieht, wie in Essen, gegen das Centrum zu stimmen, die Parole der Wahlenthaltung aus, es stimmt aber dann fast regelmäßig ein Theil der socialdemokratischen Wähler für das Centrum, ein Theil für den Gegencandidaten, und die mehr oder minder große Zahl der Wähler der concurrirenden Parteien bei der Hauptwahl entscheidet in der Stichwahl.

Auf diese Weise ist es dem Centrum schon gelungen, zwei Wahlkreise, in denen die Katholiken nicht die Hälfte der Bevölkerung ausmachen, zu erobern und zu behaupten bezw. zum zweiten Male zu erobern. Es sind dieses die Wahlkreise Bielefeld-Wiedenbrück, in welchem nur 29 pCt. Katholiken sind, und Bochum, wo 45 pCt. Katholiken wohnen. Aehnliche Verhältnisse liegen noch in verschiedenen anderen Wahlkreisen, so Dortmund, Essen, Solingen, Hamm-Soest, Mülheim-Duisburg u. s. w. vor, so daß dem Centrum bei zeitiger Inangriffnahme und richtiger Durchführung der Wahlagitation noch eine Reihe von Gewinnsten in den zukünftigen Wahlschlachten blüht, wenn die Verhältnisse innerhalb der Partei constante bleiben, was man bis jetzt trotz der Agitation des Bundes der Landwirthe behaupten kann. Des Centrums Thurm ruht auf einem soliden Fundament, er ist auf dem breiten Boden aller Stände errichtet. Es ist die einzige Volkspartei im wahren Sinne des Wortes. Arbeiter, Handwerker, Landwirthe, Beamte und Industrielle, alle stehen auf demselben Boden, alle halten die Fahne des Centrums hoch. Hiernach ist es klar, daß das Centrum sich nicht in den einseitigen Dienst einer Partei stellen kann, und daß es eine schlecht angebrachte Aeußerung des Grafen v. Strachwitz war, zu behaupten, „das Centrum wird agrarisch sein, oder es wird nicht sein," vielmehr ist und bleibt es wahr, daß das Centrum für die berechtigten Interessen aller Stände eintreten muß, wenn es Centrum bleiben will. Darum tritt das Centrum für eine richtige Socialpolitik ein, hilft es den Handwerkern, ihre Wünsche bezw. der Zwangsinnung und den Befähigungsnachweis zur Erfüllung zu bringen, steht es der Landwirthschaft bei, wenn sie Schutz vor dem Preisdruck der Börse, Schutz gegen Butterverfälschung, Viehseuchen u. s. w. sucht, bietet es die Hand zur Aufbesserung der Beamtengehälter u. s. w. u. s. w. Dadurch hat es bisher alle Angriffe der Gegner mühelos von sich abgeschüttelt, alle Wünsche der Gegner, der Centrumsthurm möge bröckeln und umstürzen, schmählich zu Schanden gemacht. Die Wahlgeschichte der Centrums-Partei zeigt, daß das Centrum festgewurzelt ist im Volke, daß seine Wurzeln stark und weit Platz gegriffen haben, und daß noch viele Stürme den Centrumsthurm umtoben müssen, ehe er zum Bröckeln, geschweige denn zum Stürzen kommt. Bei der letzten Wahl des Centrums im Jahre 1893, die unter dem Zeichen der Militär-Vorlage mit Anspannung aller Kräfte vor sich gegangen ist, hat das

Centrum zwar einen Verlust von 10 Mandaten, die Welfen sind hierbei nicht mitgerechnet, erlitten, aber in jedem einzelnen Falle läßt sich die Ursache des Verlustes ermitteln. In Folge der Neuwahlen im Laufe der Session sind schon 2 dieser Verluste durch Wiedereroberung von Mörs-Rees und des bereits früher verlorenen Mainz wett gemacht, und es sind alle Centrums-Mandate mit zum Theil erheblich größeren Majoritäten bei den nothwendig gewordenen Neuwahlen behauptet.

Bei den Hauptwahlen im Jahre 1893 war das Centrum die einzige Partei, welche den größten Theil ihrer Mandate sofort errang. Die anderen Parteien mußten den größten Theil ihrer Sitze erst in der Stichwahl erlangen. Wollte man das Verhältniß in Procenten berechnen und vergleichen, dann würde das der Centrums-Partei ein ehrendes Zeugniß ausstellen allen Parteien, selbst der socialdemokratischen, gegenüber, die ja sonst in Wahlsachen die bestorganisirte ist. Das Centrum besitzt, wie keine andere Partei, eine Reihe fester Wahlsitze, die ihm absolut sicher sind, die es stets in der Hauptwahl mit stellenweise großartigen Majoritäten behauptet, wie die Wahlgeschichte des Centrums beweist. Ausgangspunkt dieser Geschichte soll das Wahljahr 1874 sein, da im Jahre 1871 vor der Wahl das Centrum noch nicht festbegründet war, und auch eine sichere amtliche Wahlstatistik fehlt. An der Hand der Wahlresultate soll dann gezeigt werden, welche einzelne Wahlkreise als sichere und welche als wechselnde anzusehen sind, dabei wird überall bei den wechselnden Wahlkreisen das Stimmenverhältniß, mit welchem bei der jedesmaligen Wahl der Kreis erobert bezw. verloren gegangen ist, angegeben werden. In einem zweiten Theile soll dann an der Hand der Wahlnachrichten des Jahres 1893 näher dargelegt werden, wo und wie bei den demnächstigen Wahlen zu arbeiten ist, um die zweifelhaften Wahlsitze zu behaupten, verlorene wieder zu erobern und neue zu gewinnen.

Beide Theile werden der amtlichen Wahleintheilung Deutschlands folgen.

Vorab aber sollen die Länder bezw. diejenigen Bezirke der einzelnen Länder, in denen eine Centrums-Candidatur mit Aussicht auf Erfolg überhaupt ausgeschlossen erscheint, von der Erörterung ausgeschlossen werden. Es sind dieses die Regierungsbezirke Gumbinnen, Marienwerder, Berlin, Potsdam, Frankfurt a. O., Stettin, Cöslin, Stralsund, Posen, Bromberg (die Wahlen der Polen, Welfen und Elsässer sind nicht berücksichtigt worden), Aurich, Hannover, Hildesheim, Lüneburg, Stade, Magdeburg, Merseburg, Schleswig, das gesammte Königreich Sachsen, Mecklenburg-Schwerin, Sachsen-Weimar, Mecklenburg-Strelitz, Braunschweig, Sachsen-Meiningen, Koburg-Gotha, Anhalt, beide Schwarzburg, Waldeck, beide Reuß, beide Lippe, Lauenburg, die drei Hansastädte Hamburg, Bremen, Lübeck und Elsaß-Lothringen. Bezüglich der Wahlen von Polen und Elsässern wird im zweiten Theile eine besondere Schlußbetrachtung erfolgen.

A. Wahlgeschichte.

I. Preußen.

a) Reg.-Bez. Königsberg. Der Wahlkreis Braunsberg-Heilsberg, welcher im Jahre 1874 vom Centrum erobert wurde, ist seit dieser Zeit stets im Besitze des Centrums geblieben. Er ist sicher. Vertreter des Kreises waren 1874, 1877/78 Dr. Pohlmann, 1881 Dr. Colberg, 1884/87 Spahn, seit 1890 Krebs. Wahlkreis Allenstein-Rössel ist von 1871 ab bis zum Jahre 1893 im Besitze des Centrums gewesen. Im Jahre 1893 gelang es den Polen mit Hilfe der Conservativen, diesen bisher sicheren Centrums-Wahlkreis abzujagen. Vertreter des Kreises war bis 1887 Borowski, 1890 Rarkowski. Das Resultat der Wahl im Jahre 1893 war in der Hauptwahl 6887 Stimmen des Centrums gegen 4731 Stimmen der Polen. In der Stichwahl siegte der polnische Candidat mit 9045 Stimmen gegen 7418.

b) Reg.-Bez. Danzig. Hier hat das Centrum den Wahlkreis Danzig-Land dreimal innegehabt und zwar in den Sessionen 1878/81, 1881/84 und in der Session 1890/93. Erobert wurde derselbe 1878 in der Stichwahl mit 4396 gegen 4159 Stimmen für den nationalliberalen Candidaten, 1884 wurde er verloren in der Stichwahl mit 4261 Stimmen gegen 4578 Stimmen für den deutschconservativen Abgeordneten, 1890 wurde er wieder erobert in der Stichwahl mit 5786 gegen 4543 deutsch-conservative Stimmen, im Jahre 1893 wurde er verloren in der Stichwahl mit 4502 gegen 4885 Stimmen für den gewählten Candidaten der Reichspartei. Vertreter war 1878/81 Michalski, 1881/84 Landmesser, 1890/93 Mey.

c) **Breslau.** Hier sind die Wahlkreise Glatz-Habelschwerdt und Frankenstein-Münsterberg, sichere seit 1871 besessene Centrums-Wahlkreise. Im Jahre 1881 wurde auch der Wahlkreis Reichenbach-Neurode vom Centrum mit 8311 gegen 5426 deutschconservative Stimmen erobert, aber leider wieder im Jahre 1893 mit 8494 gegen 10106 socialdemokratische Stimmen verloren. Im Jahre 1890 wurde auch der Wahlkreis Breslau-Land mit 10215 gegen 9017 Stimmen in der Stichwahl erobert, aber im Jahre 1893 wieder verloren. Das Centrum kam hier nicht einmal in die Stichwahl. Vertreter des Wahlkreises Reichenbach-Neurode war Dr. Porsch; von Breslau-Land im Jahre 1890 Freiherr v. Huene; von Glatz-Habelschwerdt 1871 Strecke, 1874, 1877/78—1881 Ludwig, 1884/87 Freiherr v. Huene, 1890 Sperlich und 1893 Hartmann; von Frankenstein-Münsterberg 1871 Krätzig, 1874/90 Graf Chamaré, 1893 Radbyl.

d) **Reg.-Bez. Oppeln.** Eine Hauptdomäne des Centrums ist der Reg.-Bez. Oppeln. Von seinen zwölf Wahlkreisen sind seit 1877 in seinem Besitz elf, nur wurde im Jahre 1878 einmal der Wahlkreis Kattowitz-Zabreze an die Reichspartei verloren, und zwar mit 9624 gegen 11457 Stimmen, dagegen aber auch der Wahlkreis Kreuzburg-Rosenberg im Jahre 1881 mit 7352 gegen 2910 Stimmen von der Reichspartei erobert. Seit 1884 ist der Wahlkreis Kreuzburg-Rosenberg im Besitze der Conservativen auf Grund eines Compromisses mit der Centrumspartei, wonach in Kreuzburg-Rosenberg bei der Landtagswahl ein Centrumsmann und ein Conservativer, bei der Reichstagswahl der Conservative gewählt wird.

Im Jahre 1871 war nur der Kreis Pleß-Rybnik von dem Centrum vertreten. 1874 wurden Oppeln, Groß-Strehlitz-Cosel, Beuthen-Tarnowitz, Kattowitz-Zabreze, Leobschütz, Neustadt, Falkenberg-Grottkau und Neisse erobert, im Jahre 1877 noch Lublinitz-Tost-Gleiwitz und Ratibor.

Vertreter der einzelnen Wahlkreise waren: im Wahlkreise Kreuzburg-Rosenberg 1881 v. Aulock; im Wahlkreise Oppeln Graf Ballestrem bis 1893, 1893 Wolny; im Wahlkreise Gr. Strehlitz-Kosel 1874 Gratza, 1877/90 Dr. Franz, 1893 Dr. Stephan (Beuthen); im Wahlkreise Lublinitz-Tost-Gleiwitz 1877/84 v. Schalscha, 1887/1893 Metzner; im Wahlkreise Beuthen-Tarnowitz 1874/81 Prinz Radziwill, 1884 Graf Henkel v. Donnersmark, seit 1887 v. Szmula; im Wahlkreise Kattowitz-Zabrze 1874 und 1877 Edler (1878 verloren), 1881 Edler, seit 1884 Letocha; im Wahlkreise Pleß-Rybnik 1871/90 Müller, 1893 Conrad und seit 1896 Radwanski; im Wahlkreise Ratibor 1877 v. Wallhofen, 1878/84 Graf v. Saurma-Jeltsch, 1887 und 1890 v. Gliszczynski, 1893 Frank; im Wahlkreise Leobschütz von 1874/84 Graf Nayhaus, seit 1887 Klose; im Wahlkreise Neustadt von 1874/90 Graf Stolberg-Stolberg, 1890 Graf Matuschka, 1893 Cytronowski, seit 1895 Strzoda; im Wahlkreise Falkenberg-Grottkau von 1874/87 Graf Praschma, 1890 v. Schalscha, seit 1893 Hubrich; im Wahlkreise Neisse seit 1874 Horn.

e) Reg.-Bez. Erfurt. Hier ist der sichere Centrumswahlkreis Heiligenstadt-Worbis, der im Jahre 1871 von Zehrt, 1874/81 von Strecker und seit 1884 von v. Strombeck vertreten wurde.

f) Reg.-Bez. Osnabrück. Auch hier ist nur ein sicherer Centrums-Wahlkreis Lingen-Meppen da, welcher dem Centrum seinen berühmten Führer, Dr. Windthorst, die kleine Excellenz, geliefert hat. Nach dessen Tode war Brandenburg sein Vertreter.

g) Der Reg.-Bez. Münster ist von Anfang an in allen seinen vier Wahlkreisen eine sichere Domäne des Centrums gewesen.

Vertreter waren im Wahlkreise Tecklenburg-Ahaus 1871 u. 1874 v. Mallinckrodt, 1877, 1878 u. 1884 Freiherr v. Schorlemer-Alst, 1881 und seit 1887 Timmermann, in Münster-Coesfeld ohne Unterbrechung Freiherr von Heereman, der Vorsitzende des Centrums im preußischen Landtage; in Borken-Recklinghausen 1871/77 Graf von Landsberg-Velen, 1878 u. 1881 v. Bönninghausen, 1884, 1887 u. 1890 Beckmann, 1893 Euler; in Lüdinghausen-

Beckum, von 1871/87 Freiherr v. Landsberg-Steinfurt, seit 1890 Wattendorf.

h) Reg.-Bez. Minden. Von den 5 Wahlkreisen dieses Bezirks sind Paderborn-Büren und Warburg-Höxter sichere Centrums-Wahlkreise und seit 1871 in dessen Besitz. Sodann ist es dem Centrum noch gelungen, im Jahre 1890 den Wahlkreis Bielefeld-Wiedenbrück in Stichwahl mit 12,199 gegen 5597 socialdemokratische Stimmen zu erobern und im Jahre 1893 wieder in Stichwahl mit 12,163 gegen 10,111 conservative Stimmen zu behaupten. Vertreter von Bielefeld-Wiedenbrück war im Jahre 1890 Evers, 1893 Humann. Den Wahlkreis Paderborn-Büren hat im Jahre 1871 der Freiherr v. Ketteler, 1874/84 Freiherr von und zu Brencken und seit 1887 Hesse vertreten; Warburg-Höxter hat im Jahre 1871 Evers, von 1874/90 Freiherr von Wendt und von 1893 ab Schmidt vertreten.

i) Reg.-Bez. Arnsberg. Auch dieser Bezirk hat zwei sichere seit 1871 im Besitz des Centrums gewesene Wahlkreise, nämlich Olpe-Arnsberg-Meschede und Brilon-Lippstadt. Vertreter von Olpe-Arnsberg-Meschede war von 1871 bis zu seinem Tode Dr. P. Reichensperger, nach dessen Tode Fusangel. Lippstadt-Brilon hat von 1871 bis 1881 Schröder vertreten, 1884 Freiherr v. Ketteler, 1887/90 Kersting und 1893 Schwarze. Sodann ist es dem Centrum dreimal gelungen, den Wahlkreis Bochum zu gewinnen und zwar 1881, 1890 und 1893 mit der ganz gewaltigen Stimmenzahl von 20,291 gegen 19,973, von 29,869 gegen 28,824, von 34,444 gegen 32,567 Stimmen der Nationalliberalen. Auch den Kreis Hamm-Soest eroberte es im Jahre 1890 in der Stichwahl mit 12,275 gegen 10,756 Stimmen der Nationalliberalen; es verlor denselben aber wieder sofort mit 11,118 gegen 11,979 Stimmen, da in Folge Option des dreifach gewählten Freiherrn v. Schorlemer-Alst für Bochum sofort zu einer Neuwahl geschritten werden mußte. Vertreter von Bochum war 1881/90 Freiherr v. Schorlemer-Alst, 1893 Fuchs.

k) Reg.-Bez. Wiesbaden. Dieser Bezirk hat nur einen sicheren Centrums-Wahlkreis, den seit 1871 von dem Centrumsführer Dr. Lieber vertretenen Wahlkreis Unterwesterwald-Kreis. Im Jahre 1887 ist es dem Centrum dann noch gelungen, den Wahlkreis Usingen-Höchst mit

13,277 gegen 8951 Stimmen zu gewinnen. Vertreter war Wolf; es hat denselben aber im Jahre 1890 wieder verloren, indem es gar nicht zur Stichwahl kam.

l) Reg.-Bez. Kassel. Auch dieser Bezirk hat nur einen sicheren Centrumswahlkreis, nämlich Fulda-Schlüchtern-Gersfeld. Vertreter war im Jahre 1871/78 Herrlich, 1881/90 Graf Droste zu Vischering, seit 1893 Müller.

m) Reg.-Bez. Köln. Derselbe ist, wie der größte Theil Rheinlands, die sogenannte Pfaffengasse am Rhein, eine sichere Centrums-Domäne. Alle sechs Wahlkreise haben seit 1871 mit Ausnahme des 1874 eroberten Wahlkreises Mülheim-Wipperfürth stets für das Centrum gewählt. Es haben vertreten den Wahlkreis Köln-Stadt 1871 und 1874 Nik. Großmann, 1877 u. 1878 Schenk, 1881 Custodis, 1884 Dr. Röckerath, 1887 Dr. Braubach, 1890 und 1893 Greiß; nach des Letzteren in der Session erfolgten Tode Trimborn. Den Wahlkreis Köln-Land 1871 und 1874 Fr. Großmann, 1877 bis 1890 Menken, 1893 Pingen; den Wahlkreis Bergheim-Euskirchen Dr. Rudolphi seit 1871; den Wahlkreis Rheinbach-Bonn von 1871 bis 1881 v. Keßler, 1884 Freiherr v. Fürth, 1887 und 1890 Dr. Virnich, seit 1890 Spahn; den Wahlkreis Sieg-Waldbröl seit 1871 Dr. Lingens; den Wahlkreis Mülheim-Wipperfürth 1874, 1877 und 1878 Hamm, 1881 bis 1887 Dr. Moufang, 1890 Boediker, seit 1893 de Witt.

n) Reg.-Bez. Düsseldorf. Von den 12 Wahlkreisen dieses Bezirkes sind folgende 8: Düsseldorf, Essen, Mörs-Rees, Cleve-Geldern, Kempen, Gladbach, Crefeld und Neuß-Grevenbroich seit 1871, Gladbach allerdings erst seit 1874 im Besitze der Centrumspartei gewesen bis zum Jahre 1893, in welchem leider Essen mit 22,287 gegen 25,057 und Mörs-Rees mit 11,834 gegen 12,562 Stimmen an die Reichspartei bezw. Deutschconservativen verloren gegangen sind. Die letztere Niederlage ist bei der durch Beförderung des gewählten Abgeordneten (Gescher) erforderlichen Neuwahl im Jahre 1895 glänzend wieder ausgewetzt, indem jetzt der Abgeordnete Fritzen mit 12,687 gegen 10,667 Stimmen wiedergewählt ist. Es haben die einzelnen Wahlkreise vertreten:

1. Düsseldorf von 1871 bis 1881 Dr. Bernards, 1884 und 1887 Lucius und seit 1890 Wenders;

2. Essen 1871 Krebs, 1874 Forcade de Biaix und von 1877 bis 1890 Stötzel;
3. Mörs-Rees 1871 Freiherr v. Loë, 1874 bis 1881 Grütering, 1884 bis 1890 Graf von und zu Hoinsbroich, seit 1895 Fritzen (Rees);
4. Cleve-Geldern 1871 und 1874 Ullrich, 1877 bis 1890 Dr. Perger, seit 1893 Marcour;
5. Kempen 1871 Pelzer, 1874 bis 1887 Pfafferot, seit 1890 Fritzen (Düsseldorf);
6. Gladbach seit 1874 v. Kehler;
7. Crefeld 1871 bis 1881 Aug. Reichensperger, 1884 und 1887 Trimborn, seit 1890 Dr. Bachem;
8. Neuß-Grevenbroich 1871, 1874 und 1877 v. Thimus, 1878 bis 1890 Freiherr v. Dalwigk-Lichtenfels, seit 1893 Weidenfeld.

o) Reg.-Bez. Coblenz. Von den 6 Wahlkreisen dieses Bezirkes sind 4 und zwar Neuwied seit 1874, Coblenz-St. Goar, Mayen-Ahrweiler und Adenau-Cochem seit 1871 im unbestrittenen Centrumsbesitze. Es haben die einzelnen Wahlkreise vertreten:

1. Neuwied 1874 und 1877 Graf zu Stolberg-Stolberg, seit 1878 Bender;
2. Coblenz-St. Goar 1871 und 1874 v. Savigny, 1877 bis 1887 Freiherr v. Hertling, 1890 Fritzen (Rees), seit 1893 Wellstein;
3. Mayen-Ahrweiler 1871 Moufang, 1874 bis 1890 Kochann, 1893 Braubach und seit 1896 Wallenborn;
4. Adenau-Cochem seit 1871 v. Grand-Ry.

p) Reg.-Bez. Trier. Von den sechs Wahlkreisen dieses Bezirks sind ebenfalls 4 Wahlkreise unbestrittene Centrums-Wahlkreise, seit 1874 Daun-Prüm und seit 1871 Wittlich-Bernkastel, Trier und Saarburg-Saarlouis. Es haben die einzelnen Wahlkreise vertreten:

1. Daun-Prüm 1874 Graf Cajus zu Stolberg-Stolberg, 1877 Graf v. Hompesch (Bollhausen), 1878 v. Forcade de Biaix, 1881 Freiherr v. Schorlemer-Behr, 1884 Dr. Mosler, 1887 und 1890 Limburg und 1893 Broeckmann;
2. Wittlich-Bernkastel 1871 Fier, seit 1874 der allverehrte Alterspräsident des Reichstags Papa Dieden;

3. Trier 1871 Thanisch, 1874 bis 1881 Majunke, seit 1884 Dr. Rintelen;

4. Saarburg-Saarlouis 1871 Bellinger, 1874 bis 1890 Haanen, seit 1893 Roeren.

q) Reg.-Bez. Aachen. Alle 5 Wahlkreise dieses Bezirks gehören dem Centrum und zwar Schleiden-Malmedy seit 1874, die übrigen 4, Eupen-Landkreis Aachen, Stadt Aachen, Düren-Jülich und Geilenkirchen-Erkelenz seit 1871. Es haben die einzelnen Wahlkreise vertreten:

1. Schleiden-Malmedy von 1874 bis 1881 Franssen, 1884 und 1887 Fritzen (Düsseldorf), 1890 und 1893 Prinz v. Arenberg;
2. Eupen-Landkreis Aachen seit 1871 Dr. Bock;
3. Stadt Aachen 1871 Graf v. Spee, 1874 und 1877 v. Biegeleben, 1878 bis 1887 Gielen, seit 1890 Mooren;
4. Düren-Jülich 1871 Decker, 1874 v. Leykam, seit 1877 der Vorsitzende der Centrumsfraction im Reichstage Graf v. Hompesch (Rurich);
5. Geilenkirchen-Erkelenz 1871 und 1874 Frhr. v. Lucius, 1877/81 Freiherr v. Fürth, seit 1884 Hitze.

r) Hohenzollern-Sigmaringen. Der Wahlkreis ist ein sicherer Centrums-Kreis, der seit 1874 stets im Besitz des Centrums geblieben ist. Vertreter waren: 1874 v. Kleinsorgen, 1877 und 1878 Maier, 1881 Dr. Maier, 1884, 1887 und 1890 Graf, 1893 Bumiller.

II. Bayern.

1. Bez. Ober-Bayern. Dieser ganze Bezirk mit Ausnahme der beiden Wahlkreise der überwiegend katholischen Hauptstadt München ist in Händen des Centrums, welches Weilheim seit 1874, die übrigen 5 Wahlkreise: Aichach, Ingolstadt, Wasserburg, Rosenheim und Traunstein, von 1871 ab ununterbrochen besessen hat. München I. ist in den Wahlperioden 1878 und 1881, München II. 1874 bis 1881 und 1887 im Besitz des Centrums gewesen, seit 1890 ist München socialdemokratisch vertreten. München I. wurde 1878 in der Stichwahl mit 9734 gegen 6525 nationalliberale Stimmen erobert und 1884 in der Stichwahl

mit 7202 gegen 9226 nationalliberale Stimmen verloren. München II. wurde 1874 mit 11,669 gegen 6749 nationalliberale Stimmen erobert, 1884 in Stichwahl mit 13,438 gegen 13,552 socialdemokratische verloren, 1887 in Stichwahl mit 14,493 gegen 12,494 socialdemokratische Stimmen wieder erobert und im Jahre 1890 mit 11,396 gegen 20,594 socialdemokratische Stimmen in der Hauptwahl wieder verloren. Es haben vertreten:

1. München I. 1878 und 1881 Ruppert;
2. München II. 1874/1881 Dr. Westermaier, 1887 Landes;
3. Aichach 1871 und 1874 Schmid, 1877, 1878 und 1881 Freiherr v. Pfetten, 1884 Freiherr v. Gravenreuth, 1887 und 1890 Freiherr v. Pfetten; 1893 Bäurle;
4. Ingolstadt 1871/87 Freiherr v. Aretin, seit 1890 Aichbichler;
5. Wasserburg 1871 Lugscheider, 1874/81 Freiherr v. Soden, 1884 und 1887 Aichbichler, 1890 Fischer, 1893 Harl;
6. Weilheim 1874, 1877 und 1878 v. Miller, 1881 und 1884 Geiger, seit 1887 Weber;
7. Rosenheim 1871 Obermayr, 1874 Köllerer, 1877 Ratzinger, 1878 und 1881 Fichtner, 1884, 1887 und 1890 Wagner, 1893 Steininger;
8. Traunstein 1871 Graf v. Seinsheim, 1874 bis 1887 Senestrey, seit 1890 Lehemeir.

2. Bez. Niederbayern. Dieser ganze Bezirk war bis zur Wahl im Jahre 1893 unbestrittene Centrumsdomäne, indem alle sechs Wahlkreise seit 1874, Landshut, Straubing, Passau und Kelheim schon seit 1871 stets für das Centrum gewählt haben. Im Jahre 1893 erfolgte ein Angriff des Bayerischen Bauernbundes und fielen demselben sofort bei der Hauptwahl 3 Wahlkreise zu, nämlich Straubing mit 7840 gegen 7153, Pfarrkirchen mit 10,825 gegen 3483 und Kelheim mit 7397 gegen 6433 Centrums-Stimmen. Es haben die einzelnen Wahlkreise vertreten:

1. Landshut 1871 bis 1881 Freiherr v. Ow, 1881 bis 1890 Graf Preysing (Landshut), 1893 Mayer;
2. Straubing 1871 bis 1890 Graf Preysing (Straubing);

3. Passau 1871 Greil, 1874 bis 1878 Dr. Krätzer, 1881 Abt, 1884 und 1887 Dr. Diendorfer, 1890 Weiß, 1893 Richter;
4. Pfarrkirchen 1874 Winkelhofer, 1877 und 1878 Arbinger, 1881 Winkelhofer, 1884/90 Haberland;
5. Deggendorf 1871/78 Freiherr v. Hafenbrädl, 1881 Dr. Pfahler, 1884/87 Dr. Orterer, seit 1890 Leonhard;
6. Kelheim 1871 bis 1884 Lang, 1887 Zach, 1890 Kirchhammer.

3. Bez. Oberpfalz. Sämmtliche 5 Wahlkreise sind sichere Centrums-Wahlkreise, indem alle seit 1871 im Besitze des Centrums gewesen sind, mit Ausnahme des Kreises Neustadt a. d. Wald-Naab, welcher im Jahre 1881 von Dr. Schäfler, welcher nicht der Fraction beitrat, occupirt wurde, bei der folgenden Wahl im Jahre 1884 aber schon wieder dem Centrum mit 6704 von überhaupt 7573 abgegebenen Stimmen zufiel.

Es haben die einzelnen Wahlkreise vertreten:
1. Regensburg 1871 Graf Walderdorf, 1874, 1877 und 1878 Brückl, 1881 bis 1887 Freiherr Dr. v. Gruben, 1890 Graf Walderdorf, 1893 v. Lama;
2. Amberg 1871 Freytag, 1874, 1877 und 1878 Rußwurm, 1884 und 1887 Freiherr v. Giese, 1890 Hilpert, 1893 Lerno;
3. Neumarkt 1871 Freiherr Rechlin v. Meldegg, 1874/81 Triller, 1884 Gleißner, seit 1887 Lerzer;
4. Neuenburg vorm Wald 1871 Schels, 1874, 1877 und 1878 Dahl, seit 1881 Witzlsperger;
5. Neustadt a. d. Wald-Naab 1871 v. Satzenhosen, 1874 Huber, 1877 und 1878 Lindner, seit 1884 Lehner.

4. Bez. Oberfranken. Von den 5 Wahlkreisen dieses Bezirks ist nur der eine Wahlkreis Bamberg ein sicherer Centrums-Wahlkreis. Außer diesem sind seit 1881 der Wahlkreis Kronach und seit 1884 auch der Wahlkreis Forchheim ohne Unterbrechung im Besitze des Centrums gewesen; die Wahl der Centrums-Candidaten ist aber in der Regel erst in der Stichwahl erfolgt. Der Wahlkreis Kronach wurde zuerst im Jahre 1874 mit 10,420 gegen

6140 nationalliberale Stimmen erobert, im Jahre 1878 aber schon wieder mit 5621 gegen 7504 freiconservative Stimmen in der Hauptwahl verloren und im Jahre 1881 mit 5085 gegen 3203 freiconservative Stimmen in der Hauptwahl wieder erobert. Der Wahlkreis Forchheim wurde im Jahre 1884 mit 9090 gegen 8732 freiconservative Stimmen erobert. Es haben die einzelnen Wahlkreise vertreten:

1. Forchheim seit 1884 Pezold;
2. Kronach 1874 Kirchner, 1877 Dr. Frank, 1881 bis 1890 Freiherr v. Gagern, 1893 Stöcker;
3. Bamberg 1871 und 1874 Dr. Schüttinger, 1877, 1878 und 1881 Freiherr Horneck v. Weinheim, 1884 Müller, seit 1887 Wenzel.

5. Bez. Mittelfranken. In diesem Bezirk kommt für das Centrum nur der Wahlkreis Eichstätt in Betracht, welcher seit 1874 stets in dessen Besitz war. Vertreter waren 1874 Graf v. Quadt, 1877 und 1878 Stöckl, 1881 bis 1887 Schmidt, seit 1890 Dr. Schädler.

6. Bezirk Unterfranken. Die 6 Wahlkreise dieses Bezirkes sind zwar seit 1884 ununterbrochen im Besitz des Centrums gewesen; es sind aber doch nur die beiden Wahlkreise Aschaffenburg und Neustadt a. d. Saale als absolut sichere zu bezeichnen, da die andern vier, Kitzingen, Lohr, Schweinfurt und Würzburg, wiederholt erst in der Stichwahl behauptet wurden. Im Jahre 1871 wählten nur die beiden Kreise Aschaffenburg und Lohr einen Centrumsmann. 1874 wurde Kitzingen mit 10,217 gegen 8445 fortschrittliche, Neustadt a. d. Saale mit 13,505 gegen 6815 nationalliberale, Schweinfurt mit 10,471 gegen 7166 nationalliberale und Würzburg mit 7670 gegen 4054 fortschrittliche Stimmen erobert. Schweinfurt wurde aber schon bei der folgenden Wahl im Jahre 1877 mit 7952 gegen 8871 freiconservative Stimmen in der Hauptwahl verloren und im Jahre 1884 mit 7983 gegen 7008 nationalliberale Stimmen in der Hauptwahl wieder erobert. Weiter wurde Würzburg im Jahre 1881 mit 6569 gegen 6714 Stimmen der süddeutschen Volkspartei an diese in der Stichwahl verloren, aber schon 1884 mit 6192 gegen 3267 Stimmen in der Hauptwahl wieder erobert.

Es haben die einzelnen Wahlkreise vertreten:
1. Aschaffenburg 1871 bis 1878 Hauck, 1881 und 1884 Freiherr v. Papius, 1887 bis 1895 Haus und nach dessen Tode Gerstenberger;
2. Kitzingen 1874 und 1877 Graf Clemens zu Schönborn, 1878/90 Graf Friedrich v. Schönborn, 1893 Eck;
3. Lohr 1871 Fürst zu Löwenstein, 1874 bis zu seinem Tode Freiherr von und zu Franckenstein, seit dessen Tode Keßler;
4. Neustadt a. d. Saale 1874, 1877 und 1878 Freiherr v. Haberman, 1881 bis 1890 Reichert, 1893 Moritz;
5. Schweinfurt 1874 Bauck, seit 1884 Burger;
6. Würzburg 1874, 1877 und 1878 Freiherr v. Zu-Rhein, 1884 und 1887 Roß, 1890 Dr. Stöhr, 1893 Neckermann.

7. Bezirk Schwaben. Von den 6 Wahlkreisen dieses Bezirkes können 5 als sichere Centrumswahlkreise betrachtet werden, obwohl im Jahre 1871 nur der einzige Wahlkreis Donauwörth für das Centrum gewählt hatte. Die übrigen vier, Augsburg, Dillingen, Illertissen und Kaufbeuren, wurden aber schon im Jahre 1874 erobert und sind seitdem auch ununterbrochen im Centrumsbesitz geblieben. Auch der letzte Wahlkreis Immenstadt ist seit 1890 im Centrumsbesitz, nachdem er schon vorher in den Perioden 1881 und 1884 einen Centrumsmann gewählt hatte. Erobert wurde er 1881 mit 8472 gegen 6479 nationalliberale Stimmen, ging im Jahre 1887 mit 9136 gegen 10,291 Stimmen wieder an die Nationalliberalen verloren, wurde aber schon 1890 mit 9554 gegen 9318 nationalliberale Stimmen wieder erobert. Es haben die einzelnen Wahlkreise vertreten:

1. Augsburg 1874 und 1877 Dr. Jörg, 1878 und 1881 Freytag, 1884 bis 1890 Biehl und 1893 Deuringer;
2. Donauwörth 1871 bis 1881 Dr. Mayer und seit 1884 Wildegger;
3. Dillingen 1874 Weiß, 1877 und 1878 Graf Fugger, 1881 v. Sigmund, 1884 Freiherr v. Freyberg, 1887 Deuringer, 1890 Graf v. Preising-Lichtenegg, 1893 Bott;

4. Illertissen 1874 bis 1878 Freiherr v. Aretin, 1881 bis zu seinem Tode 1896 Reindl, alsdann Freiherr v. Hertling;
5. Kaufbeuren 1874, 1877 und 1878 Merkle, 1881 Freiherr Bequel=Westernach, 1884 und 1887 Buxbaum, 1890 Dr. Orterer und 1893 Schöpf;
6. Immenstadt 1881 Graf v. Quadt=Isny, 1884 Schelbert, 1890 Landes und 1893 Schmid.

III. Königreich Württemberg.

Von den 17 Wahlkreisen Württembergs sind nur 4: Aalen, Blaubeuren, Biberach und Ravensburg als sichere Centrumswahlkreise zu betrachten. Ravensburg befindet sich seit 1871, Aalen und Biberach seit 1874 ununterbrochen im Besitz des Centrums. Blaubeuren ist 1881 mit 9 292 gegen 7563 freiconservative Stimmen definitiv erobert. Es haben die einzelnen Wahlkreise vertreten:

1. Aalen 1874 Bayrhammer, 1877 und 1878 Leonhard, 1881 bis 1890 Graf Adelmann v. Adelmannsfelden, 1893 Wengert und nach dessen im Jahre 1896 erfolgten Tode Hofmann;
2. Blaubeuren (Ehingen=Laupheim) 1881 und 1884 Utz, seit 1887 Gröber;
3. Biberach 1874, 1877 und 1878 Graf v. Bißhingen=Nippenburg, 1881 bis 1887 Erbgraf zu Neipperg, seit 1890 Braun;
4. Ravensburg 1871 Probst, 1874 bis 1884 Graf v. Waldburg=Zeil, 1887 und 1890 Göser, 1893 Rembold.

IV. Großherzogthum Baden.

Von den 14 badischen Wahlkreisen kann man nur 2, Achern und Buchen, als absolut sichere Centrums=Wahlkreise bezeichnen. Beide sind seit 1871 im Besitze des Centrums gewesen. Im Jahre 1890 wurden hinzuerobert Constanz in Stichwahl mit 11 797 gegen 9 662, Waldshut in Hauptwahl mit 11 022 gegen 6809, Freiburg in Stichwahl mit 12 674 gegen 9 624, Lahr in Stichwahl mit 10 240 gegen 8 864 und Offenburg in Stichwahl mit 10 046 gegen 8 369

Stimmen der nationalliberalen Partei. Alle 5 Sitze sind im Jahre 1893 behauptet worden. Der ebenfalls im Jahre 1890 mit 9 932 gegen 8 506 in Stichwahl eroberte Wahlkreis Lörrach ist im Jahre 1893 in Stichwahl mit 8 362 gegen 9 430 Stimmen wieder an die nationalliberale Partei zurückgefallen. Schon früher waren Waldshut in der Session 1881, Freiburg in den Sessionen 1878, 1881 und 1884 und Offenburg 1884 im Besitze des Centrums. Erobert wurde 1881 Waldshut mit 8 998 gegen 8 406, verloren 1884 mit 8 886 gegen 9 357 nationalliberale Stimmen, Freiburg erobert 1878 mit 9 113 gegen 7 432, 1887 verloren mit 8 683 gegen 11 736 nationalliberale Stimmen, Offenburg 1884 mit 9 356 gegen 8 461 und 1887 verloren mit 7 772 gegen 10 229 nationalliberale Stimmen.

Es haben die einzelnen Wahlkreise vertreten:
1. Constanz seit 1890 Hug;
2. Waldshut 1881 Birkenmayer, seit 1890 Schuler;
3. Freiburg 1878 v. Wänker, 1881 Graf v. Kageneck, 1884 und seit 1890 Marbe;
4. Lahr seit 1890 Schaettgen;
5. Offenburg 1884 Dr. Roßhirt, seit 1890 Reichert;
6. Achern 1871 Lindau, seit 1874 Lender;
7. Buchen 1871 Freiherr v. Ketteler, 1874 v. Buß, 1877, 1878 und 1881 Freiherr von und zu Bodman, seit 1884 Freiherr v. Buol-Berenberg.

V. Großherzogthum Hessen.

Von den 9 hessischen Wahlkreisen kommt für das Centrum nur Mainz in Betracht, welches 4 mal gewonnen und 3 mal verloren ist. Im Jahre 1874 wurde es mit 9 281 gegen 8 424 nationalliberale Stimmen in der Stichwahl erobert, ging 1877 mit 9 969 gegen 10 858 volksparteiliche Stimmen verloren, 1878 wurde es mit 11 290 gegen 8 909 nationalliberale Stimmen wieder erobert, ging aber schon 1881 wieder verloren, ohne daß das Centrum in die Stichwahl kam, 1884 wurde es in Stichwahl mit 7 974 gegen 7 880 socialdemokratische Stimmen wieder erobert, 1887 wurde es behauptet in Stichwahl mit 10 879 gegen 9 678 nationalliberale Stimmen, ging aber 1890 mit 9 196 gegen 9 569 socialdemokratische Stimmen in Stichwahl wieder verloren und wurde bei der im Jahre 1896 nothwendig gewordenen Nachwahl mit 10287 gegen 10112 socialdemokratische Stimmen in Stichwahl wieder erobert. Vertreter waren 1874 und 1878 Moufang, 1884 und 1887 Racké, 1896 Schmitt.

VI. Großherzogthum Oldenburg.

Von den 3 Wahlkreisen dieses Bezirkes ist nur der eine, Delmenhorst, ein sicherer Wahlkreis des Centrums. Vertreter waren 1871 Russel, seit 1874 Graf v. Galen.

Das Centrum hat, abgesehen von den welfischen Hospitanten in den einzelnen Perioden folgende Stärke gehabt: 1871 60; 1874 92; 1877 92; 1878 94; 1881 99; 1884 99; 1887 98; 1890 106; 1893 96.

Hiernach ist abgesehen von der Wahlperiode 1871/74, in welcher sich das Centrum erst gegründet hat, die Stärke der Partei innerhalb der Zahlen 106 und 92 geblieben, und wenn man das Jahr 1890 fortläßt, sogar innerhalb der Zahlen 92 und 99. Die Ziffern, welche man gewöhnlich über die Stärke der Centrums-Partei in den einzelnen Wahlperioden liest, enthalten die welfischen Hospitanten mit und geben, da deren Zahl zwischen 3 und 9 in den einzelnen Perioden schwankt, ein ganz anderes Bild. Dem großen Aufschwunge, den die Centrumspartei im Jahre 1890 durch Eroberung von 8 Sitzen genommen hatte, ist bei den Wahlen 1893 ein noch größerer Niedergang gefolgt; es verlor 10 Sitze. Es wird deshalb in dem zweiten Theile die Frage erörtert werden, ob dieser Rückgang im Jahre 1893 fortdauern wird und welche Chancen das Centrum für die nächsten Wahlen hat.

B.
Die nächsten Reichstagswahlen des Centrums.

Zunächst dürfen wir wohl an die Spitze dieser Erörterung die Behauptung aufstellen, daß der Niedergang des Centrums im Jahre 1893 nur ein temporärer, durch die Verhältnisse des Jahres 1893 bedingter war. Zu dieser Behauptung berechtigt der Ausfall der Nachwahlen überall dort, wo eine Centrums-Candidatur in Betracht kam. Neuwahlen haben stattgefunden in den Centrums-Wahlkreisen: Pleß-Rybnick, Neustadt (in Oberschlesien), Mayen-Ahrweiler, Stadt Köln in Preußen, Passau, Aschaffenburg, Illertissen in Bayern, Aalen und Blaubeuren in Württemberg. In all diesen Wahlkreisen ist trotz aller Anstrengungen der Gegner der Centrums-Candidat mit stellenweise erheblich größerer Mehrzahl wiedergewählt, der Wahlkreis Stadt Köln, welcher 1893 erst in Stichwahl behauptet wurde, ist bei der Nachwahl sofort in der Hauptwahl dem Centrum zugefallen. Aber das wird, obwohl es an sich sehr erfreulich ist, noch weit überholt durch die Erfolge des Centrums in Wahlkreisen, die es schon früher einmal besessen hat. Mörs-Rees im Jahre 1893 verloren, wurde sofort in der Hauptwahl mit 12 687 gegen 10 667 Stimmen wieder erobert, Mainz, der wechselreiche Wahlkreis, zum dritten Mal bei der Wahl 1890 verloren, wurde in der Stichwahl mit 10 287 gegen 10 112 Stimmen wieder erobert, und zwar von der Socialdemokratie, der bestorganisirten Partei des Reiches. Ja sogar in dem Wahlkreise Donaueschingen, welchen das Centrum noch nie besessen hat, ist es in die Stichwahl gekommen und hätte den Wahlsitz, den es noch nie besessen, beinahe erobert, indem es nur mit 12 Stimmen in der Minderheit blieb. Nach diesem großartigen, von keiner Partei bei den Nachwahlen erreichten Erfolge ist man wohl berechtigt, dem Centrum bei den nächsten Wahlen, wenn die Verhältnisse so bleiben, wie sie sind, einen erneuten

Aufschwung in Aussicht zu stellen, um so mehr, als durch die Constellation der Verhältnisse in verschiedenen Wahlkreisen das Centrum noch Wahlsitze gewinnen kann, auf die es an und für sich der Zahl der katholischen Bevölkerung nach keinen Anspruch hat. So hat das Centrum jetzt schon den Wahlkreis Bielefeld-Wiedenbrück bei nur 29 Procent katholischer Bevölkerung in 2 Wahlperioden besessen, so hat es Bochum bei nur 45 Procent katholischer Bevölkerung wiederholt erobert und Forchheim bei ebenfalls 45 Procent katholischer Bevölkerung seit 1884 schon behauptet. In einer Reihe ähnlich liegender Wahlkreise kann das Centrum auch jetzt noch Sitze erobern, die es nie besessen hat.

Wir wollen nun alle Wahlkreise, bei denen das Centrum als solches irgendwie betheiligt ist, Polen, Elsässer und Welfen bleiben auch hier außer Betracht, im Einzelnen mit Rücksicht auf die nächste Reichstagswahl durchgehen und zeigen, wo und wie zu arbeiten ist, um den Besitzstand aufrecht zu erhalten, verlorene Wahlkreise wieder zu erobern und neue Sitze zu erringen. Es dürfte hierbei richtig sein, die Wahlkreise in 4 Species einzutheilen, sichere, unsichere, die das Centrum jetzt im Besitz hat, unsichere, die es früher im Besitz gehabt hat, und noch zu erobernde.

1. Sichere Wahlkreise.

Als sichere Wahlkreise dürfen wir 80 aufführen, von denen 50 in Preußen, 23 in Bayern, 4 in Württemberg, 2 in Baden und 1 in Oldenburg sich befinden. In Preußen sind es 1 in Ostpreußen: Braunsberg-Heilsberg, 13 in Schlesien, nämlich: Glatz-Habelschwerdt und Frankenstein-Münsterberg im Reg.-Bez. Breslau und alle Wahlkreise des Reg.-Bez. Oppeln mit Ausnahme des Kreises Kreuzburg-Rosenberg, welcher laut Compromiß mit den Conservativen für den Reichstag conservativ wählt; 1 in Sachsen: Heiligenstadt-Worbis, 1 in Hannover: Lingen-Meppen, 8 in Westfalen: nämlich die 4 Wahlkreise des Reg.-Bez. Münster, die Wahlkreise Paderborn-Büren und Warburg-Höxter des Reg.-Bez. Minden und die beiden Wahlkreise Olpe-Meschede-Arnsberg und Lippstadt-Brilon des Reg.-Bez. Arnsberg, 2 in Hessen-Nassau: nämlich Fulda-Schlüchtern-Gersfeld im Reg.-Bez. Kassel und der Unterwesterwaldkreis im Reg.-

Bez. Wiesbaden, 23 in der Rheinprovinz: nämlich 5 im Reg.-Bez. Köln: Köln-Land, Bergheim-Euskirchen, Rheinbach-Bonn, Siegkreis-Waldbröl und Mülheim am Rhein, Wipperfürth-Gummersbach, 5 im Reg.-Bez. Düsseldorf: Cleve-Geldern, Kempen, Gladbach, Crefeld und Neuß-Grevenbroich, 4 im Reg.-Bez. Coblenz: Newwied, Coblenz-St. Goar, Mayen-Ahrweiler und Adenau-Cochem, 4 im Reg.-Bez. Trier: Daun-Prüm, Wittlich-Berncastel, Trier und Saarburg-Saarlouis und alle 5 Wahlkreise des Reg.-Bez. Aachen, endlich noch der Wahlkreis in Hohenzollern.

In Bayern sind als sichere Wahlkreise anzusehen: 6 in Ober-Bayern: Aichach, Ingolstadt, Wasserburg, Weilheim, Rosenheim und Traunstein, 3 in Nieder-Bayern: Landshut, Passau und Deggendorf, sämmtliche 5 Wahlkreise der Oberpfalz, 1 in Oberfranken: Bamberg, 1 in Mittelfranken: Eichstätt, 2 in Unterfranken: Aschaffenburg und Neustadt an der Saale und 5 in Schwaben: Augsburg, Donauwörth, Dillingen, Illertissen und Kaufbeuren, im Ganzen also 23.

In Württemberg sind es 4: Aalen, Blaubeuren, Biberach und Ravensburg.

In Baden zwei: Achern und Buchen und endlich in Oldenburg noch der Wahlkreis Delmenhorst.

Diese 80 Wahlkreise scheiden zwar aus unserer Betrachtung aus, weil ihre Behauptung im Allgemeinen als sicher anzusehen ist; damit soll aber nicht gesagt sein, daß nicht auch einer dieser Wahlkreise durch schlechte Auswahl des Candidaten, Abfall eines Theiles der Wähler, Einbruch des Bauernbundes bezw. Bundes der Landwirthe verloren gehen könnte. Man darf also auch in diesen Wahlkreisen die Hände nicht in den Schooß legen, damit nachher nicht, wie in Niederbayern im Jahre 1893 unangenehme Ueberraschungen kommen. Dann aber ist auch wohl zu berücksichtigen, daß die Stärke der Parteien nach der Gesammtzahl der abgegebenen Stimmen berechnet wird, daß es daher Pflicht eines jeden Centrumsmannes ist, auch in sicheren Wahlkreisen seine Stimme abzugeben, damit auch sie gezählt werde, und nicht, wie das so oft geschieht, zu Hause zu bleiben in dem Gedanken, der Centrumsmann wird ja doch gewählt, was brauchst du noch hinzugehen, auf deine Stimme kommt es nicht an. Jede Stimme wird gezählt, also muß sie abgegeben werden.

2. Unsichere Wahlkreise im jetzigen Besitz des Centrums.

An unsicheren Wahlkreisen, die das Centrum jetzt besitzt und die es bei der nächsten Wahl zu vertheidigen hat, sind zur Zeit 18 vorhanden; in Preußen 5: Bielefeld-Wiedenbrück, Bochum-Gelsenkirchen, Köln, Düsseldorf und Mörs-Rees; in Bayern 7: Forchheim, Kronach, Kitzingen, Lohr, Schweinfurt, Würzburg und Immenstadt; in Baden 5: Ueberlingen-Constanz, Waldshut, Freiburg, Lahr und Offenburg und endlich in Hessen noch Mainz. Von diesen sind 2: Mörs-Rees und Mainz erst bei der Nachwahl erobert. Hier wird es richtig sein, bei einem jeden einzelnen Wahlkreise durch Betrachtung der Resultate der letzten Wahl zu zeigen, was zu geschehen hat, um denselben bei der nächsten Wahl zu behaupten.

1. **Bielefeld-Wiedenbrück.** Der Wahlkreis besteht aus dem Kreise Wiedenbrück, welcher überwiegend katholisch ist und aus dem Kreise Bielefeld, welcher überwiegend aus Protestanten besteht, das Verhältniß der Katholiken zu den Protestanten ist 29,3 zu 69,6. Das Centrum hat somit seiner Stärke nach keinen Anspruch auf den Wahlkreis, es hat aber das Glück, daß es entweder mit einem Conservativen oder einem Socialdemokraten in die Stichwahl kommt und so für die Stichwahl günstige Chancen hat, indem ihm dabei von rechts oder links Stimmen zufallen. Die Hauptsache bei der nächsten Wahl ist, daß das Centrum bei der ersten Wahl so viel Stimmen erhält, daß es in die Stichwahl kommt und hierzu hat es wohl Hoffnung. Bei der Hauptwahl im Jahre 1893 hatte das Centrum von den abgegebenen Stimmen 6230 gleich 28,8 Procent, also beinahe die der Confession 29,3 entsprechenden Zahl, sein Gegner in der Stichwahl, der conservative Candidat, hatte 8636 gleich 39,9 Procent, der socialdemokratische Candidat hatte 5413 gleich 25 Procent, der fortschrittliche Candidat 1331 Stimmen gleich 6,2 Procent. In der Hauptwahl erhielt der Centrumscandidat 12163 Stimmen gleich 54,6 Procent, der conservative 10111 gleich 45,4 Procent. Es ist also bei der Stichwahl die Mehrzahl der socialdemokratischen und fortschrittlichen Stimmen dem Centrum zugefallen.

Dasselbe Resultat ist bei der nächsten Wahl zu erwarten, wenn es gelingt, den Centrumscandidaten in die Stichwahl zu bringen, und diese Hoffnung ist berechtigt, wenn der Kreis Wiedenbrück wieder in solch erhebender Weise, wie das vorige Mal seine Pflicht thut. Es war nichts Außergewöhnliches, daß 98 bis 100 Procent der Stimmen abgegeben wurden, daß also Alles, was konnte, wählte, und so wurde denn auch schon lediglich durch die Regsamkeit des Kreises Wiedenbrück das außergewöhnliche Resultat erzielt, daß der Wahlkreis Bielefeld-Wiedenbrück bei nur 29,3 Procent katholischer Bevölkerung dem Centrum schon für zwei Wahlperioden zugefallen ist.

2. Bochum-Gelsenkirchen. Auch in diesem Wahlkreise bilden die Katholiken nicht die Mehrheit, 44,9 Procent Katholiken stehen 54,1 Procent Protestanten gegenüber, und auch hier ist schon in Folge ähnlicher Constellation wie in Bielefeld-Wiedenbrück wiederholt Dank der Wachsamkeit und Energie der Katholiken der Wahlkreis dem Centrum zugefallen. Auch Bochum bedeutet einen außergewöhnlichen Erfolg bei der Wahl des Jahres 1893. War er doch der einzige Wahlkreis, der vom Centrum bei der Wahl 1893 erobert wurde. Auch hier ist die Hauptsorge die, den Centrums-Candidaten in die Stichwahl zu bringen. Während in Bielefeld-Wiedenbrück der socialdemokratische Candidat um 3,8 Procent hinter dem Centrums-Candidaten zurückblieb, blieb hier der socialdemokratische Candidat nur um 1,2 Procent hinter dem Centrums-Candidaten zurück. Es erhielten Stimmen bei der Hauptwahl der nationalliberale 25 447 gleich 38,5 Procent, der Centrums-Candidat 20 351 gleich 30,8 Procent und der socialdemokratische 19 585 gleich 29,6 Procent. Nur 777 Stimmen für den socialdemokratischen Abgeordneten mehr und dieser kam zur engeren Wahl und das Centrum konnte Bochum nicht erobern. Der Sieg in der Stichwahl war auch kein bedeutender: 34 444 gleich 51,4 Procent erhielt der Centrums-Candidat, 48,6 Procent sein Gegner. Aber hier haben wir die Hoffnung, daß die Zahl der Centrumsstimmen in der Hauptwahl eine größere werden wird. Von 44,9 Procent katholischer Bevölkerung sind nur 30,8 Proc. Stimmen für das Centrum abgegeben, das ist zu wenig. Das Verhältniß muß ein besseres werden trotz aller Wahl-

bedrückungen, die in Bochum vorkamen. In Bochum muß allerorts für katholische Arbeitervereine eingetreten werden, das katholische Bewußtsein muß noch mehr, wie bisher, aufgeweckt werden, und dann ist bei der nächsten Wahl zu hoffen, daß das Verhältniß der Centrumsstimmen ein günstigeres sei, als bei der letzten Wahl: 30,8 Procent Centrumsstimmen gegen 44,9 Procent Katholiken.

3. Stadt Köln. Der Wahlkreis ist von Anfang an durch einen Centrums-Mann vertreten gewesen. Derselbe ist aber fast immer erst in der Stichwahl gewählt. Bei der Wahl 1893 fielen in der Hauptwahl 18 621 gleich 42,6 Proc. auf den Candidaten des Centrums, 12 093 gleich 27,7 Proc. auf den socialdemokratischen Candidaten und 11 766 gleich 26,9 Procent auf den nationalliberalen Candidaten. In der Stichwahl siegte der Candidat des Centrums mit 22 632 Stimmen gleich 67,6 Procent gegen 10 838 gleich 32,4 Procent des socialdemokratischen Candidaten. Die Socialdemokratie erhielt also circa 1 200 Stimmen weniger in der Stichwahl, wie bei der Hauptwahl. Bei zwei nothwendig gewordenen Nachwahlen, es hatten nämlich die der Stadt Köln zugelegten Orte des Landkreises mit der Stadt gewählt, und war deshalb die Wahl cassirt, und es starb kurz nachher der wiedergewählte Abgeordnete Greiß, hat das Centrum sofort in der Hauptwahl gesiegt. Bei Auswahl geeigneter Candidaten kann man den Wahlkreis jetzt wohl als einen sicheren betrachten. Köln hat 80 Procent Katholiken gegen 16,5 Procent Protestanten.

4. Stadt Düsseldorf. Auch dieser Wahlkreis hat immer für das Centrum gewählt, in der Regel aber den Centrums-Mann erst in der Stichwahl durchgebracht. Auch hier kam das Centrum mit 15 214 Stimmen gleich 45,8 Proc. gegen 9 367 gleich 28,2 Procent mit der Socialdemokratie in Stichwahl, ein Mischmasch-Candidat erhielt 7 742 gleich 23,3 Procent der Stimmen. Bei der Stichwahl erhielt der Centrums-Candidat 17 017 gleich 65,2 Procent der socialdemokratische nur 9 123 gleich 34,9 Procent, also auch hier weniger Stimmen wie bei der Hauptwahl.

Der Wahlkreis Düsseldorf darf auch wohl nahezu als sicherer Centrums-Wahlkreis betrachtet werden, nachdem jetzt die Socialdemokratie und nicht mehr der Nationalliberalismus zur Stichwahl kommt. Vorsicht in Auswahl guter Canbidaten, Aufrechterhaltung katholischen Vereinslebens u. s. w. ist auch hier nöthig. Düsseldorf hat 72,6 Procent katholische, 26,3 Procent evangelische Bevölkerung.

5. Mörs-Rees. Der Wahlkreis hat nur 57,4 Proc. katholische Bevölkerung gegen 41,5 Procent evangelische. Der Wahlkreis hat von 1871 ab für das Centrum gewählt. Auch hier wurde der Centrums-Candidat oft erst in der Stichwahl gewählt. Im Jahre 1893 verlor das Centrum den Wahlkreis, weil man den als guten Katholiken bekannten Landrath Gescher aufgestellt hatte, nach hartem Kampfe mit 12562 Stimmen gleich 50,9 Procent für Gescher gegen 11834 gleich 48 Procent für den Centrums-Candidaten. Bei der in Folge Beförderung des Abgeordneten Gescher nothwendig gewordenen Neuwahl wurde der Wahlkreis glänzend mit 12687 gleich 54,4 Procent gegen 10667 gleich 45,6 Procent wieder erobert. Es steht zu hoffen, daß auch in Zukunft dieser alte Centrums-Wahlkreis dem Centrum verbleibt; doch muß man hier, das hat die Wahl 1893 gezeigt, sehr wachsam sein und mit der Wahlagitation nicht bis zum letzten Augenblicke warten. Bei der Wahl 1893 haben 89,4 Procent aller Wähler abgestimmt. Es scheint also durch die Aufstellung des katholischen Landraths eine ziemliche Anzahl katholischer Stimmen eingefangen zu sein. Das muß für die Zukunft verhindert werden.

6. Forchheim ist derjenige bayerische Wahlkreis, der, obwohl nur zu 45 Procent katholisch, doch schon seit dem Jahre 1884 einen Centrums-Mann zum Reichstage entsandt und auch bei der letzten verlustreichen Wahlschlacht des Jahres 1893 den Wahlkreis für das Centrum behauptet hat. Hier erwächst eine besondere Gefahr daraus, daß die sonstigen Stimmen alle für linksstehende Candidaten abgegeben sind. In der Hauptwahl wurden abgegeben für den Centrums-Candidaten 7211 Stimmen gleich 43,4 Proc., für den zur Stichwahl gekommenen Candidaten der Fortschrittspartei 4756 gleich 28,6 Procent, für den nationalliberalen Candidaten 3173 gleich 19,1 Procent und für den socialdemokratischen 1438 gleich 8,6 Procent; in der Stichwahl siegte das Centrum mit 9069 Stimmen gleich 51,3 Procent gegen 8597 gleich 48,7 Procent. Der Sieg war also ein knapper. Er würde ein größerer gewesen

sein, wenn der nationalliberale Candidat zur Stichwahl gekommen wäre. Ob die Socialdemokratie in diesem Wahlkreise auf Kosten der Fortschrittspartei oder der nationalliberalen Partei wächst, davon dürfte möglicherweise in Zukunft die Entscheidung abhängen. Jedenfalls darf hier die Agitation nie ruhen, muß hier die Parteileitung stets auf dem Kriegsfuß stehen. Katholische Bauern- und Arbeiter-Vereine müssen, wenn sie noch nicht bestehen, gegründet werden, katholisches Leben gehegt und gepflegt werden. In der Hauptwahl muß jeder katholische Wahlmann seine Stimme für das Centrum abgeben. Es ist dann möglich, daß schon in der Hauptwahl der Kreis dem Centrum erhalten bleibt.

7. **Kronach.** Dieser Wahlkreis hat 64,9 Procent katholische Bevölkerung gegen 34,6 Procent evangelische. Er müßte deshalb eigentlich ein sicherer Centrums-Wahlkreis sein und er hat auch seit 1881 stets für das Centrum gewählt, und auch schon in den früheren Perioden 1874 und 1877. Im Jahre 1893 sind in der Hauptwahl für den Centrums-Candidaten 6 707 Stimmen gleich 45,4 Proc., für den Bauernbunds-Candidaten 4 463 gleich 30,2 Proc. und für den socialdemokratischen 3 354 gleich 22,7 Procent abgegeben worden. In der Stichwahl sind für das Centrum 8 006 Stimmen gleich 60,6 Procent, für den Bauernbund 5 214 gleich 39,4 Procent abgegeben. Der Sieg des Centrums war somit ein leichter. Die Socialdemokraten scheinen sich in der Stichwahl enthalten zu haben, da bei der Hauptwahl über 1 500 Stimmen mehr abgegeben sind als bei der Stichwahl. In diesem Wahlkreise ist ein Bauernverein auf christlicher Grundlage zur Verbreitung zu bringen. Das wird genügen, um dem Centrum bei der Hauptwahl sicher zum Siege zu verhelfen. Der Sieg erscheint, wenn die jetzige Constellation bleibt, dem Centrum sicher, auch wenn es zur Stichwahl kommen sollte.

8. **Kitzingen.** Der Wahlkreis hat 62,6 pCt. Katholiken gegen 34,6 pCt. Evangelische. Derselbe müßte hiernach ein sicherer Centrumswahlkreis sein; er hat auch seit 1874 immer für das Centrum gewählt, allein es ist eine starke liberalisirende Richtung im Wahlkreise vorhanden. In der Hauptwahl wurden für das Centrum nur 6910 Stimmen gleich 44 pCt. abgegeben. Die übrigen Stimmen vertheilen

sich auf Candidaten der Linken und zwar 4482 gleich 28,5 pCt. für den nationalliberalen, 3554 gleich 22,6 pCt. für den fortschrittlichen und 735 gleich 4,7 pCt. für den socialdemokratischen Candidaten. Bei der Stichwahl siegte, obwohl fast genau die gleiche Anzahl Stimmen abgegeben wurden, wie bei der Hauptwahl, das Centrum mit 8487 Stimmen gleich 54 pCt. gegen 7221 gleich 46 pCt. Auch hier liegt die Gefahr vor, daß durch einen Zusammenschluß der Parteien links einmal der Wahlkreis für das Centrum verloren werden kann — ist doch die Zahl der in der Hauptwahl für die 3 Candidaten der Linken abgegebenen Stimmen größer als die Zahl der Stimmen in der Stichwahl, mit der das Centrum gesiegt hat. Auch hier ist mit aller Macht darauf hinzuwirken, daß die Entscheidung schon in der Hauptwahl für das Centrum fällt.

9. Lohr hat 88,2 pCt. Katholiken und nur 9,9 pCt. Protestanten. Trotzdem ist er bei der Wahl im Jahre 1893 erst in der Stichwahl dem Centrum zugefallen, dem er immer angehört hat. Der Wahlkreis scheint, wie auch die übrigen Wahlkreise des Bezirkes Unterfranken eine ziemlich erhebliche Anzahl liberaler Katholiken zu haben. Außerdem war in den Wahlkreis auch ein Einbruch des Bauernbundes erfolgt und so kam es, daß dieser Wahlkreis, obwohl er seit 1871 durch das Centrum vertreten ist, doch erst in der Stichwahl für das Centrum behauptet wurde. Es sind Stimmen abgegeben in der Hauptwahl 7631 gleich 46 pCt. für das Centrum, 4950 gleich 29,8 pCt. für die süddeutsche Volkspartei, 2494 gleich 15 pCt. für den Bauernbund, 871 gleich 5,3 pCt. für die Socialdemokratie und 606 gleich 3,7 pCt. für den Nationalliberalismus. In der Stichwahl wurde der Centrumscandidat mit 9826 Stimmen gleich 52,4 pCt. gegen 8932 gleich 47,6 pCt. gewählt. Die Gründung des christlichen Bauernvereins für Unterfranken wird wohl den Erfolg haben, daß bei der nächsten Wahl die Stimmenzahl des Bauernbundes abnimmt, auch steht zu hoffen, daß bei der nächsten Wahl in der Hauptwahl die säumigen Centrumswähler besser an der Wahlurne erscheinen, haben doch 1893 bei der Hauptwahl nur 67,7 pCt. der Wahlberechtigten ihre Stimme abgegeben, dann aber wird der Wahlkreis schon bei der Hauptwahl dem Centrum zufallen.

10. Schweinfurt. Der Wahlkreis hat 69,4 pCt. Katholiken und nur 28,2 pCt. Protestanten. Auch dieser Wahlkreis müßte ein sicherer Wahlkreis des Centrums sein, wenn nicht ein erheblicher Theil der Katholiken liberal angehaucht wäre. Der Wahlkreis hat in seinen Vertretern sehr gewechselt. 1871 wählte er nationalliberal, 1874 fiel er dem Centrum zu, 1877 und 1878 wählte er freiconservativ, 1881 fortschrittlich und seit 1884 gehört er dem Centrum. Bei der Hauptwahl im Jahre 1893 wurden abgegeben Stimmen für das Centrum 7135 gleich 49 pCt., für den Nationalliberalismus 3620 gleich 24,9 pCt., für die Socialdemokratie 1707 gleich 11,7 pCt. und für die süddeutsche Volkspartei 1774 gleich 12,2 pCt. In der Stichwahl erhielt der Candidat des Centrums 9689 gleich 66,3 pCt., der nationalliberale 4925 gleich 33,7 pCt. Der Wahlkreis verbleibt, so lange der Centrums-Candidat mit dem nationalliberalen oder socialdemokratischen in die Stichwahl kommt, wahrscheinlich auch, wenn der Candidat der süddeutschen Volkspartei zur Stichwahl kommt, dem Centrum. Allein es ist in jedem Falle besser, wenn das Centrum sofort in der Hauptwahl siegt, was bei einiger Anstrengung nicht zweifelhaft sein kann, da dem Centrums-Candidaten nur 1 pCt. an der absoluten Stimmenmehrheit fehlte, also nur 146 Stimmen.

11. Würzburg. Auch dieser Wahlkreis müßte, dem Verhältniß der katholischen Bevölkerung entsprechend, ein fester Centrumssitz sein. 82 pCt. Katholiken stehen 14,6 pCt. Protestanten gegenüber; trotzdem fällt er meistens erst in der Stichwahl dem Centrum zu. Im Jahre 1871 vertrat den Kreis ein Fortschrittsmann, 1881 wurde er von der süddeutschen Volkspartei erobert. Der Wahlkreis dürfte bei der nächsten Wahl dem Centrum zufallen, weil hier der Gegencandidat in der Stichwahl ein Socialdemokrat sein wird. In der Hauptwahl 1893 waren Stimmen abgegeben für das Centrum 5705 gleich 38,5 pCt. (trotz 82 pCt. katholischer Bevölkerung), 4057 gleich 27,4 pCt. für die Socialdemokratie, 2242 gleich 15,1 pCt. für die süddeutsche Volkspartei, 1200 gleich 8,1 pCt. für den Bauernbund, 1021 gleich 6,9 pCt. für den Nationalliberalismus, 596 gleich 4 pCt. für den antisemitischen Candidaten. In der Stichwahl erhielt der Candidat des

Centrums 8490 Stimmen gleich 59,7 pCt., der socialdemokratische Candidat 5738 gleich 40,3 pCt. Die Hauptarbeit ist bei der Stichwahl zu thun, da in der Hauptwahl der Centrums-Candidat zweifellos in die Stichwahl kommt. Bei energischer Agitation müßte der Wahlkreis sofort in der Hauptwahl zu behaupten sein.

12. Immenstadt ist in Beziehung auf die Wahlen derjenige ländliche Wahlkreis Bayerns, welcher seine Wahlpflicht am schlechtesten erfüllt. Trotzdem der Wahlkreis zu $^9/_{10}$ katholisch ist, ist er in den Jahren 1871, 1874, 1877, 1878 und 1887 nationalliberal vertreten gewesen. Auch im Jahre 1893 ist er, trotzdem $^3/_4$ aller Wähler (75,5 pCt.) gewählt haben, nur mit ganz geringer Majorität schon in der Hauptwahl dem Centrum zugefallen, aber als sicher kann man ihn nicht bezeichnen nach den früheren Erfahrungen. Das Stimmenverhältniß der Hauptwahl 1893 war folgendes: Centrum 9129 Stimmen gleich 50,6 pCt., Nationalliberalismus 7929 gleich 43,9 pCt., Socialdemokratie 968 gleich 5,4 pCt. Woher dieses traurige Gesammtresultat kommt, ist nicht mit Sicherheit festzustellen. Jedenfalls würde die Gründung katholischer Vereine und die damit verbundene Hebung des katholischen Bewußtseins, sowie Pflege des katholischen Vereinslebens und ständige Wahlagitation von sehr gutem Einflusse sein.

13. Ueberlingen - Constanz. Dieser Wahlkreis hat 92,7 pCt. Katholiken gegen 5,7 pCt. Protestanten. Trotzdem kann man ihn bei den unsicheren badischen Verhältnissen nicht als sicheren Centrums-Wahlkreis betrachten. Ist es doch dem Centrum erst im Jahre 1890 zum ersten Male gelungen, diesen bis dahin vom Nationalliberalismus vertretenen Wahlkreis zu erobern. Auch im Jahre 1893 ist er erst in der Stichwahl behauptet worden. Hier, wie überhaupt in allen badischen Wahlkreisen ist zweifellos eine sehr große Anzahl Katholiken liberal angehaucht und stimmt unter allen Umständen gegen das Centrum. Im Jahre 1887 hat das Centrum von den 14 badischen Wahlkreisen nur 2, die sicheren Wahlkreise Achern und Buchen, erhalten, während doch Baden zu $^2/_3$ katholisch ist und ihm nach Verhältniß der Confession 9 Wahlkreise zufallen müßten. Ob an diesen schlechten Verhältnissen die Nachwirkungen des Josephinismus (Roggenbach) Schuld sind,

ob es in der mangelnden Organisation oder in welchen Gründen sonst liegt, das läßt sich ohne nähere Kenntniß der einschlägigen Verhältnisse nicht angeben. Erfreulich aber ist es, daß seit dem Jahre 1890 ein fühlbarer erheblicher Aufschwung zum Bessern erfolgt ist, und daß in nicht allzu langer Zeit statt jetzt zwei absolut sicherer Wahlkreise deren 6 und mehr aufzuweisen sein werden. Hat doch die letzte Wahl in Donaueschingen wieder den Beweis gebracht, daß das Centrum immer mehr an Zahl wächst, die Organisation und Agitation eine immer bessere wird. Im Jahre 1890 eroberte das Centrum, welches bis dahin im besten Fall nur 4 der 14 badischen Mandate besessen hatte, zu den 2 Wahlkreisen aus der Periode 1887/90 gleich sechs Sitze auf einmal. Ueberlingen, Waldshut, Lörrach, Freiburg, Lahr und Offenburg, alle im Jahre 1887 nationalliberal vertreten, fielen nach hartem Kampf dem Centrum zu. Alle diese Wahlkreise, mit Ausnahme von Lörrach, wurden im Jahre 1893 nach hartem Kampf in der Stichwahl behauptet, Waldshut sogar schon in der Hauptwahl. Hoffentlich hält diese Besserung an und so steht zu hoffen, daß in Baden das Centrum endlich den Platz einnimmt, der ihm gebührt. In Ueberlingen wurden bei der Hauptwahl abgegeben Stimmen für das Centrum 9289 gleich 47,5 pCt., für den Nationalliberalismus 7854 gleich 40,1 pCt., für die süddeutsche Volkspartei 1727 gleich 8,8 pCt. und für die Socialdemokratie 693 gleich 3,6 pCt. In der Stichwahl siegte der Candidat des Centrums mit 11 496 Stimmen gleich 57,3 pCt. gegen 8571 gleich 42,7 pCt. Bei einer besseren Betheiligung an der Hauptwahl müßte der Wahlkreis schon in der Hauptwahl dem Centrum zufallen. Bei der Wahl im Jahre 1893 fehlten hierzu nur 500 Stimmen. Ueberlingen muß ein sicherer Centrumswahlkreis werden.

14. Waldshut mit 83,2 pCt. Katholiken und 16,6 pCt. Protestanten kann schon jetzt nahezu als sicherer Wahlkreis betrachtet werden. Schon einmal im Jahre 1881 erobert, fiel er dem Centrum im Jahre 1890 hoffentlich zu dauerndem Besitze zu. In der letzten Wahl 1893 wurden Stimmen abgegeben für das Centrum 9990 gleich 51,4 pCt., für den Nationalliberalismus 7893 gleich 40,3 pCt., für die freisinnige Volkspartei 1109 gleich 5,7 pCt. Waldshut wird auch das nächste Mal einen Centrumsmann entsenden.

15. Freiburg hat 66,6 Procent Katholiken gegen 32,1 Procent Protestanten. Auch hier müßte dem confessionellen Verhältniß nach der Wahlkreis ein sicherer sein; er ist es aber nicht, wenigstens nicht absolut. Er ist bereits in 5 Sessionen, 1878, 1881, 1884, 1890 und 1893, im Besitze des Centrums gewesen. Allein er hat noch immer in der Stichwahl er= obert bezw. behauptet werden müssen. Im Jahre 1893 wurden abgegeben Stimmen für das Centrum 8221 gleich 41,8 Procent, für den Nationalliberalismus 8806 gleich 44,7 Procent, für die Socialdemokraten 2019 gleich 10,3 Procent. Der nationalliberale Candidat hatte also bei der Hauptwahl noch mehr Stimmen aufgebracht, als der Centrums=Candidat, trotzdem mehr als doppelt so viel Katholiken wie Protestanten im Wahlkreise sind. In der Stichwahl siegte der Centrums=Candidat mit 11222 Stimmen gleich 51,4 pCt. gegen 10,614 gleich 48,6 pCt. Möge auch Freiburg bald zu den sicheren Centrums=Wahlkreisen zu rechnen sein.

16. Lahr hat 67,3 Procent Katholiken gegen 31,0 Procent Protestanten. Auch Lahr müßte sicherer Wahlkreis sein, ist aber nur im Jahre 1890 und 1893 im Besitze des Centrums gewesen, und jedesmal erst in Folge der Stich= wahl. In der Hauptwahl 1893 wurden abgegeben Stimmen 7472 gleich 46,2 Procent für das Centrum, 5452 gleich 33,7 Procent für den Nationalliberalismus, 1618 gleich 10 Procent für die Conservativen, 1131 gleich 7 Procent für die Socialdemokraten und 476 gleich 3 Procent für die freisinnige Volkspartei. In der Stichwahl wurde der Wahl= kreis mit 9585 Stimmen gleich 52,9 Procent gegen 8524 gleich 47,1 Procent behauptet. Fortdauernde Agitation, Hebung des katholischen Vereinslebens wird auch Lahr zu einer Centrumsdomäne machen.

17. Offenburg. Alles bei Lahr Gesagte gilt auch für Offenburg, welches sogar 69,1 Procent Katholiken hat und in der Hauptwahl nur 38,1 Procent Stimmen für das Centrum aufbrachte. In der Hauptwahl wurden abgegeben Stimmen 5766 gleich 38,1 Procent für das Centrum, 6766 gleich 44,7 Procent für den Nationalliberalismus, 1637 gleich 10,8 Procent für die Socialdemokratie und 870 gleich 5,8 Procent für die süddeutsche Volkspartei; in der Haupt=

wahl 9292 gleich 52,6 Procent für das Centrum, 8364 gleich 47,4 Procent für den Nationalliberalismus.

18. Mainz kann man wohl als das Schmerzenskind der Centrumspartei in Beziehung auf die Wahl nennen. Dreimal verloren ist es zum vierten Male bei der im Jahre 1896 erfolgten Mandatsniederlegung des socialdemokratischen Abgeordneten Joest vom Centrum nach einem mächtigen Wahlkampfe erobert, um vielleicht bei der Wahl im Jahre 1898 wieder verloren zu werden. Wenn in einem Wahlkreise, dann muß es in Mainz heißen: „Alle Mann an Bord". Ist doch sogar das Centrum bei den Wahlen im Jahre 1893 noch nicht einmal zur Stichwahl gelangt, obwohl im Wahlkreise 63,7 Procent katholische und nur 32,5 Procent protestantische Bevölkerung ist. Es wurden bei der letzten Wahl Stimmen abgegeben 5153 gleich 23,7 Procent für das Centrum, 5269 gleich 24,3 Procent für den Nationalliberalismus, 8965 gleich 41,3 Procent für die Socialdemokratie und 2042 gleich 9,4 Procent für die süddeutsche Volkspartei. Das Centrum blieb also mit 116 Stimmen sogar hinter dem Nationalliberalismus zurück, der den Wahlkreis nur in der ersten Wahlperiode von 1871/74 vertreten hat. Soll Mainz dem Centrum erhalten bleiben, dann ist eine fortdauernde ständige Agitation, eine Belebung des katholischen Vereinslebens mit Anspannung aller Kräfte erforderlich, andernfalls geht Mainz wieder bei der nächsten Wahl verloren. Christliche Arbeitervereine sind in erster Linie, wenn sie noch nicht da sind, in's Leben zu rufen. Man sollte doch meinen, es müsse in Mainz, an dem Orte, wo der erste Apostel des christlichen Socialismus, der Bischof von Ketteler, gelebt und gewirkt hat, leicht sein, katholische Arbeiter den Reihen der Socialdemokratie, welche zweifellos eine erhebliche Anzahl katholischer Arbeiter unter ihren Wählern zählt, wieder zu entreißen. Große Arbeit wird nothwendig sein, Mainz zu behaupten, aber groß wird auch die Freude sein, wenn dieser Erfolg erreicht wird.

3. Wahlkreise, die früher im Besitze des Centrums waren, von demselben aber verloren sind.

Es sind dieses im Ganzen 14 Wahlkreise und zwar: Allenstein-Rössel, Danzig-Land, Breslau-Land, Reichenbach-

Neurode, Kreuzburg-Rosenberg, Hamm-Soest, Usingen-Höchst und Essen, also 8 in Preußen, München I und II, Straubing, Pfarrkirchen, Kelheim, also 5 in Bayern und Lörrach in Baden.

1. **Allenstein-Rössel.** Dieser zu 87,4 Procent katholische Wahlkreis, welcher vom Jahre 1871 bis 93 immer im unbestrittenen Besitze des Centrums gewesen ist, ging bei der Wahl 1893 verloren durch den Einbruch der Polen und den Umstand, daß die Polen für die Militär-Vorlage eintraten. Der Wahlkreis wird mit Sicherheit wieder erobert werden. Ist doch zu hoffen, daß die Polen, welche sich bei der Militär-Vorlage in einem gewissen Gegensatze zum Centrum befanden, sich bei der nächsten Wahl bewegen lassen werden, von einer eigenen Candidatur überhaupt abzusehen. Dann aber werden zweifellos eine große Zahl der Stimmen anderer Parteien, die 1893 den Polen zugefallen waren, wegen der inscenirten Polenhetze nicht mehr dem polnischen Candidaten zufallen, sondern dem Centrums-Candidaten; jedenfalls aber werden sie durch event. Stimmenthaltung dem Centrums-Candidaten zum Siege verhelfen. Bei der Wahl 1893 wurden Stimmen abgegeben für das Centrum 6887 gleich 47,4 pCt., für den polnischen 4731 gleich 32,5 pCt., für den Mischmasch-Candidaten 2731 gleich 18,9 pCt., in der Stichwahl siegte der Pole mit 9045 Stimmen gleich 54,9 pCt. gegen 7418 gleich 45,1 pCt. für das Centrum. Es wird hier gut sein, wegen dieses Wahlkreises eine Verständigung mit den Polen anzubahnen.

2. **Danzig-Land.** Das Centrum hat diesen Wahlkreis in den Wahlen 1878, 1881 und 1890 besessen und er ist auch im Jahre 1893 nur mit geringer Differenz in der Stichwahl unterlegen, trotzdem der Wahlkreis nur 38 Procent Katholiken gegen 61,2 Procent Protestanten hat. Es liegt hier wieder wie bei Bielefeld-Wiedenbrück die Constellation vor, daß von rechts und links die Parteien sich den Wahlkreis streitig machen und das Centrum dann mit einer dieser Parteien in die Stichwahl kommt und in dieser dadurch die Mehrheit erhält, daß die Stimmen der nicht in die engere Wahl gekommenen Parteien dem Centrum zufallen oder die Stimmenthaltung derselben es dem Centrum ermöglicht, durch eigene Kraft den Sieg zu erringen. Im Jahre 1893 wurden Stimmen abgegeben 1884 gleich 18,3 Procent für das Centrum, 4052 gleich 39,5 Procent für die deutsche

Reichspartei, 1595 gleich 15,6 Procent für die freisinnige Volkspartei, 1469 gleich 14,3 Procent für die Socialdemokratie und 1207 gleich 11,7 Procent für die Polen. Bei der Stichwahl siegte die Reichspartei mit 4885 Stimmen gleich 52 Procent gegen 4502 gleich 48 Procent für das Centrum. Wie man sieht, ist das Centrum mit 18,2 Procent der abgegebenen Stimmen in die Stichwahl gekommen und würde in dieser gesiegt haben, wenn nicht ein Theil der Wähler sich der Stimmabgabe enthalten hätte. Die Polen haben sich auch hier den Luxus eines eigenen Candidaten gestattet. Geschieht das bei der nächsten Wahl auch, dann kann es leicht der Fall sein, daß an Stelle des Centrums-Candidaten der socialdemokratische oder freisinnige Candidat in die Stichwahl kommt. Das ist unter allen Umständen zu verhüten. Zweifelhaft wird ja das Resultat immer bleiben, allein der Wahlkreis kann wiedergewonnen werden.

3. Breslau-Land. Dieser Wahlkreis, welcher 40,3 Procent katholische Bevölkerung hat, wurde im Jahre 1890 erobert und zwar in Stichwahl mit 10,215 gegen 9017 freiconservative Stimmen, um im Jahre 1893 wieder verloren zu werden, ohne daß das Centrum in die Stichwahl kam. Das Resultat der Wahl 1893 war: Centrum 3883 Stimmen, Deutschconservative 8738, Socialdemokraten 5148, freisinnige Volkspartei 3112. Wäre es dem Centrum gelungen, an Stelle des socialdemokratischen Candidaten seinen Candidaten zur Stichwahl zu bringen, so wäre dieser auch gewählt worden. Es gilt daher, hier für die Hauptwahl alle Hebel in Bewegung zu setzen, um das Centrum in die engere Wahl zu bringen. Gelingt das, dann ist sein Sieg bei der Constellation der Parteien ein ziemlich sicherer, mag es mit dem deutschconservativen oder mit dem socialdemokratischen in die Stichwahl kommen.

4. Reichenbach-Neurode. Dieser Wahlkreis ist im Jahre 1881 vom Centrum erobert und bis zum Jahre 1893 behauptet. Bei der Wahl 1893 ist er in der Stichwahl an die Socialdemokratie verloren gegangen. Erobert wurde er 1881 mit 8311 gegen 5426 Stimmen der conservativen Partei. Der Wahlkreis ist zu 57,9 pCt. katholisch, müßte also vom Centrum vertreten werden. Bei der Wahl im Jahre 1893 wurden abgegeben Stimmen in der Hauptwahl für den Centrums-Candidaten 4769 gleich

26,3 pCt., für den socialdemokratischen 8668 gleich 47,8 pCt., für den conservativen 3924 gleich 21,6 pCt., für den fortschrittlichen 785 gleich 4,3 pCt. Bei der Stichwahl wurden abgegeben für das Centrum 8494 gleich 45,7 pCt., für den socialdemokratischen Candidaten 10 106 gleich 54,3 pCt. Es ist hiernach auf den socialdemokratischen Abgeordneten ein Theil der conservativen Stimmen gefallen. Da das hoffentlich nicht wieder vorkommen dürfte, so erscheinen die Chancen des Centrums bei der nächsten Wahl hier sehr günstig. Es ist aber schon alle Kraft bei der Hauptwahl in Anwendung zu bringen, damit der Centrumscandidat zur Stichwahl kommt.

5. Kreuzburg-Rosenberg. Dieser Wahlkreis wurde 1881 mit der ganz außerordentlichen Majorität von 7352 gegen 2910 Stimmen erobert, im Jahre 1884 aber auf Grund eines Compromisses, wonach im preußischen Landtage je ein Vertreter der conservativen Partei und der Centrums-Partei gewählt, im Reichstage dagegen der Kreis den Conservativen überlassen wird. Ob dieser Compromiß jetzt noch zeitgemäß ist, und ob nicht das Reichstagsmandat für das Centrum vortheilhafter ist, als selbst beide Landtags-Mandate, bedarf einer näheren Erwägung. Der Wahlkreis ist zu 57,9 pCt. katholisch und nur zu 41,2 pCt. protestantisch.

6. Hamm-Soest. Diesen Wahlkreis hat das Centrum nur nominell einmal im Besitz gehabt, indem dort im Jahre 1890 der Freiherr v. Schorlemer-Alst in der Stichwahl mit 12 275 Stimmen gegen 10 756 nationalliberale Stimmen gewählt wurde. Bei der Nachwahl, die dadurch nothwendig wurde, daß Freiherr v. Schorlemer den Wahlkreis Bochum, wo er auch gewählt war, annahm, unterlag das Centrum mit 11 117 gegen 11 979 Stimmen. Bei der Wahl im Jahre 1893 wurden Stimmen abgegeben für das Centrum 9309 gleich 38,5 pCt., für den Nationalliberalismus 10 262 gleich 42,4 pCt., für die freisinnige Volkspartei 2634 gleich 10,9 pCt. und für die Socialdemokratie 1961 gleich 8,1 pCt., in der Stichwahl für das Centrum 12 087 gleich 47,6 pCt., für die Nationalliberalen 13 324 gleich 52,4 pCt. Der Wahlkreis ist zu 45,3 pCt. katholisch und zu 54,1 pCt. protestantisch. Die Aussichten für die nächste Wahl sind recht günstige dadurch geworden, daß der Bund der Landwirthe im Kreise eine große Verbreitung gefunden hat,

und dadurch Spaltung in das Lager der Gegner mit Nothwendigkeit kommen muß, welcher Spaltung gegenüber das Centrum eine verbesserte Position hat. Dann nimmt auch die katholische Bevölkerung zu, desgl. die socialdemokratische Partei, so daß dadurch die Verhältnisse sich verschieben, da die Kosten der socialdemokratischen Zunahme zu mindestens $^9/_{10}$ die nationalliberale Partei zu tragen hat.

7. Usingen=Höchst (Obertaunus). Diesen Wahlkreis hat bei der Wahl 1887 das Centrum in der Stichwahl mit 13 277 gegen 8951 Stimmen erobert, bei der Wahl 1890 aber wieder verloren, ohne es zur engeren Wahl zu bringen. Auch im Jahre 1893 ist es dem Centrum nicht gelungen, in die Stichwahl zu kommen. Es wurden hier Stimmen abgegeben: 5389 gleich 22,6 pCt. für das Centrum, 8070 gleich 33,8 pCt. für die Socialdemokratie, 6591 gleich 27,6 pCt. für die Nationalliberalen, 3418 gleich 14,3 pCt. für die freisinnige Volkspartei. Der Procentsatz der Katholiken beträgt 51,4 zu 47 pCt. Protestanten. Man sollte hiernach glauben, daß es der Partei ein Leichtes sein müßte, in die Stichwahl zu kommen. Kommt aber die Partei in die Stichwahl, so ist die Wahl des Centrums=Candidaten ziemlich sicher. Hier ist eine fortlaufende Agitation, Bildung katholischer Arbeiter= und Gesellen=Vereine, Gründung charitativer Vereine u. s. w. sehr angebracht, da mit der Hebung des katholischen Lebens nach Außen eine innere Kräftigung der Centrums=Partei Hand in Hand zu gehen pflegt.

8. Essen. Dieser alte sichere Wahlkreis des Centrums ist von 1871 bis 1893 im Besitze des Centrums gewesen, und im Jahre 1893 in der Stichwahl leider verloren gegangen, indem durch die Aufstellung des Candidaten der Mischmaschpartei, Krupp, des Brotgebers für mindestens 10 000 Wähler und die Stimmabgabe der Socialdemokraten für ihn in der Stichwahl der Candidat des Centrums Stötzel mit 22 287 gleich 47,1 pCt. gegen 25 057 gleich 52,9 pCt. unterlag. In der Hauptwahl waren abgegeben für Krupp 19 484, für Stötzel 19 446, für die Socialdemokratie 5868 Stimmen. Der Wahlkreis ist zu 65,4 pCt. katholisch und zu 33,6 pCt. protestantisch. Er müßte also dem Centrum von Rechtswegen gehören. Bei der nächsten Wahl wird er hoffentlich dem Centrum wieder zufallen. Es ist das sicher, wenn nicht wieder Krupp aufgestellt wird,

und wenn nicht die Socialdemokratie wieder für den national=
liberalen Candidaten stimmt. Denn das ist Krupp in der
That, wenn er auch der freiconservativen Partei beigetreten
ist. Einer fortlaufenden Wahlagitation bedarf es hier nicht,
weil in der Mark die Wahl selbst solch' großes Interesse
hervorruft, daß in der Regel schon bei der Hauptwahl
80 pCt. der Wähler sich betheiligen. In Essen waren die
resp. Zahlen 79,8 bei der Hauptwahl und 84,3 pCt. bei
der Stichwahl.

9. und 10. München I und II sind die dunkelsten
Punkte in der Geschichte der Centrumswahlen. Die zu
mehr wie $^3/_4$ katholische Hauptstadt des katholischen Bayerns
entsendet zwei Socialdemokraten zum Reichstag. München I
hat 79,7 pCt., München II sogar 88,6 pCt. Katholiken, und
doch zwei socialdemokratische Vertreter im Reichstage. Das
muß unter allen Umständen anders werden und das kann
anders werden, wenn sich die bürgerlichen Parteien
verständigen trotz des großen Vorsprungs, den der
socialdemokratische Vertreter für München II, Vollmar,
bei den letzten Wahlen im Jahre 1893 hatte. Haben
ja doch im Jahre 1893 von den wahlberechtigten
Personen in München I nur 54,0 pCt. bei der Hauptwahl
und 53,3 pCt. bei der Stichwahl gewählt und in München II
gar nur 52,6 pCt. Wer hat aber nun bei der Wahl ge=
schlafen? Sicher nicht die Socialdemokratie, sondern lediglich
die bürgerlichen Parteien. Dann ist ja doch auch München II
schon während 5 Sessionen im Besitze der Centrums=Partei
gewesen und München I während 2 Sessionen. Der
Ausfall der Wahl im Jahre 1893 war folgender: In
München I wurden Stimmen abgegeben 3853 gleich 21,5 pCt.
für das Centrum, 8097 gleich 45,3 pCt. für die Social
demokratie und 5859 gleich 32,8 pCt. für die National=
liberalen; in München II 10 730 gleich 27,8 pCt. für das
Centrum, 21 876 gleich 56,6 pCt. für die Socialdemokraten
und 6011 gleich 15,5 pCt. für die Nationalliberalen. In den
beiden Wahlkreisen ist der socialdemokratische Abgeordnete nur
mit 29,4 und 29,6 pCt. der Wahlberechtigten gewählt. Hätten
hiernach in München nun wie im Durchschnitt des Deutschen
Reichs 73 pCt. der Wahlberechtigten gewählt, so wären,
wenn auch vielleicht noch weitere 3 und 4 pCt. den Social=
demokraten zugefallen wären, doch die Candidaten der bürger=

lichen Parteien mit 40 gegen 33 pCt. in der Stichwahl zum Siege gelangt. Man hat ja gar nicht nöthig, sofort ein Compromiß für die Hauptwahl abzuschließen, im Gegentheil, das würde sogar schädlich wirken, und einen Theil der Wähler der nicht berücksichtigten Partei in den resp. Wahlkreisen von der Wahl zurückhalten. Würde aber ein Compromiß dahin abgeschlossen: „Jede Partei arbeitet bei der Hauptwahl für sich, diejenige Partei, welche in die Stich= wahl kommt, wird von den übrigen bürgerlichen Parteien unter= stützt", so würde bei der Hauptwahl ein Wettkampf der einzelnen Parteien entstehen, der eine Menge der sonst zu Hause bleibenden Wähler an die Wahlurne locken würde, und so bewirken würde, daß sich schon bei der Hauptwahl ergiebt, daß die beiden Wahlkreise der socialdemokratischen Partei, ihrer eigent= lichen Stärke nach, nicht zustehen.

11., 12. und 13. Straubing, Pfarrkirchen und Kelheim im Bezirk Niederbayern, unbestrittene Centrumssitze, sind bei der Wahl 1893 dem Einbruch des Bayerischen Bauernbundes zum Opfer gefallen. Da dieselbe Ursache bei allen 3 Wahl= kreisen vorliegt, empfiehlt es sich, dieselben zusammen zu be= handeln. Alle 3 Wahlkreise sind sofort in der Hauptwahl verloren gegangen, und zwar Straubing mit 7153 Stimmen gleich 46,5 gegen 7840 gleich 51,0 pCt., Pfarrkirchen mit 3483 gleich 24,1 pCt. gegen 10,825 gleich 74,9 pCt. und Kelheim mit 6433 gleich 46,3 pCt. gegen 7397 gleich 53,3 pCt. Nach der Erfahrung, die bei der Nachwahl im Wahlkreise Passau, wo der Centrums=Candidat Pichler mit nur 50 pCt. der Stimmen in der Hauptwahl gewählt war, während er bei seiner Nachwahl 65,5 pCt. der Stimmen erhielt, ist zu erhoffen, daß Straubing und Kelheim bei der nächsten Wahl wieder erobert werden, wenn eine passende Auswahl der Candi= daten für das Centrum erfolgt. Dieser Hoffnung darf man umsomehr Ausdruck geben, als in Niederbayern sich auch ein auf christlicher Grundlage stehender Bauernverein ge= gründet hat, welcher dem Bayerischen Bauernbunde, der auf keiner christlichen Grundlage errichtet worden ist, vielmehr den Stempel eines wirthschaftlichen Mechanismus auf der Stirn trägt, so viel Wasser abgraben wird, daß die wenigen Procente Minus in ein Plus bei der nächsten Wahl um= gewandelt werden. Dazu kommt, daß der Ueberfall im Jahre 1893 ein urplötzlicher, lawinenartiger war, und man jetzt vorbereitet in den Wahlkampf eintreten wird. In Pfarrkirchen allerdings wird es schwer halten, einen Sieg zu erringen, da die Differenz von 74,9 gegen 24,1 pCt. zu groß ist, um dieselbe auszugleichen, falls nicht die Majorität von 1893 auf noch weiteren localen Ursachen basirte, die in Fortfall kommen könnten. Bei der Hauptwahl sind schon alle Kräfte anzustrengen.

14. Lörrach. Der Wahlkreis ist zu 50,4 pCt. katholisch, zu 47,9 pCt. protestantisch. Der Wahlkreis ist im Jahre 1890 in der Stichwahl mit 9932 gegen 8506 Stimmen erobert, aber schon im Jahre 1893 wieder verloren. Das Resultat dieser Wahl war: Stimmen für das Centrum 4909 gleich 32,1 pCt., 6189 gleich 40,5 pCt. für die Nationalliberalen, 2073 gleich 13,6 pCt. für die freisinnige Volkspartei, 1067 gleich 7 pCt. für die Socialdemokraten, 1030 gleich 6,7 pCt. für die Antisemiten. Bei der Stichwahl ist das Centrum mit 8362 gleich 47 pCt. gegen 9430 gleich 53 pCt. unterlegen. Die Chancen für das Centrum sind nach der Parteiconstellation für das Centrum sehr günstige. Es steht daher zu hoffen, daß bei der demnächstigen Wahl das Centrum den Wahlkreis wieder erobert.

In den hier behandelten 14 Wahlkreisen hat das Centrum hiernach gute Aussichten in Allenstein = Rössel, Reichenbach = Neurode, Essen, Straubing, Kelheim und Lörrach, wenn das Compromiß mit den Conservativen in Kreuzburg = Rosenberg gekündigt wird, auch hier, also in 7 Wahlkreisen, zweifelhafte Aussichten in Danzig = Land, Breslau = Land, Hamm = Soest, also in 3, schlechte Aussichten in Usingen=Höchst, den beiden München und Pfarrkirchen, also in 4 Wahlkreisen.

4. Sonstige in Frage kommende Wahlkreise.

Hier wird es angebracht sein, alle Wahlkreise mit mehr als 25 pCt. katholischer Bevölkerung in die Betrachtung zu ziehen, da hier, wenn auch nicht der Wahlkreis erobert, durch Wahlbündniß oder sonst Vortheil für die Partei erzielt werden und eventuell sogar bei Aufstellung vieler Candidaten das Centrum gelegentlich mit Aussicht auf Erfolg in die Stichwahl kommen kann. Die Zahl dieser Wahlkreise ist eine ziemlich große. Es sind in Preußen 24, nämlich Elbing = Marienburg, Stadt Danzig, Schlochau Flatow, Deutsch Krone, Groß = Wartenberg = Oels, Namslau = Brieg, Ohlau = Nimptsch, Breslau I, Breslau II, Striegau = Schweidnitz, Waldenburg, Glogau, Löwenberg, Landeshut = Jauer, Dortmund = Hörde, Wiesbaden = Rheingau, Oberlahnkreis = Limburg, Frankfurt a. Main, Wetzlar = Altenkirchen, Kreuznach = Simmern, Solingen, Duisburg = Mülheim a. d. Ruhr, Saarbrücken und Ottweiler= St. Wendel; in Bayern sind es 6, nämlich Speyer, Landau, Germersheim, Zweibrücken, Homburg, Kaiserslautern; in Württemberg 4, nämlich Freudenstadt = Horb, Balingen, Gmünd = Göppingen, Geislingen = Ulm. In Baden 6, nämlich Donaueschingen, Ettlingen = Durlach, Karlsruhe = Bruchsal, Mannheim = Schwetzingen, Heidelberg = Eberbach und Sinsheim = Eppingen; in Hessen 3, nämlich Dieburg = Offenbach, Worms und Bingen = Alzey.

Im Ganzen sind es hiernach 43 Wahlkreise mit dem erheblich in's Gewicht fallenden Procentsatz von 25 und darüber Katholiken; fünf unter diesen Wahlkreisen haben sogar über 50 pCt. Katholiken. Es sind dieses Saarbrücken mit 60,2 pCt., Ottweiler=St. Wendel mit 56,1 pCt., Germersheim mit 54,2 pCt., Zweibrücken mit 52,4 pCt. und Donaueschingen sogar mit 84,4 pCt. Die im letzten Wahlkreise in den letzten Tagen stattgehabte Reichstagsnachwahl hätte beinahe zum Siege des Centrums geführt. Nur mit 11 Stimmen blieb der Centrums = Candidat in der Minderheit und es ist gegründete Hoffnung vorhanden, daß bei der nächsten Wahl dieser Wahlkreis erobert wird. Bei der großen Zahl dieser Wahlkreise und da die Verhältnisse in einer großen Menge der Wahlkreise ziemlich gleichartige sind, ist es angebracht, die Verhältnisse bezirksweise zu besprechen.

1. Reg.=Bez. Danzig. Die Wahlkreise Elbing=Marienburg mit 26,4 pCt. und Danzig=Stadt mit 29,3 pCt. sind wenigstens nach den Ergebnissen der Wahl 1893 nicht in der Lage, einen Centrums=Candidaten in die engere Wahl zu bringen, sie sind aber als Compromißobject sehr geeignet, in dem Nachbarwahlkreise Danzig=Land dem Centrums= Candidaten zum Siege zu verhelfen. In Elbing sind bei der letzten Wahl 2774 gleich 14,3 pCt. und in Danzig= Stadt 1821 gleich 11,1 pCt. Stimmen für das Centrum abgegeben. In beiden Wahlkreisen wird es voraussichtlich zur engeren Wahl kommen und giebt hier das Centrum wahrscheinlich den Ausschlag.

2. Reg.-Bez. Marienwerder. Die beiden in Frage kommenden Wahlkreise Schlochau-Flatow und Deutsch-Krone haben 41,6 bzw. 38,9 pCt. katholische Bevölkerung. Trotzdem ist vorläufig nicht an einen Sieg des Centrums-Candidaten zu denken, obwohl derselbe es im Kreise Deutsch-Krone bei der Wahl 1893 zur Stichwahl brachte. Der Grund hiervon liegt in dem Umstande, daß das Centrum nur conservativen Parteien gegenübersteht. In dem Wahlkreise Schlochau-Flatow wurden 1893 Stimmen abgegeben für die Conservativen 10,710 gleich 61,1 pCt., für das Centrum 4135 gleich 23,5 pCt., für die Polen 2553 gleich 14,6 pCt., zusammen für Centrum und Polen 6688 gleich 38,1 pCt., zersplittert 0,8 pCt., in Deutsch-Krone für Conservative 1617 gleich 16,0 pCt., für Freiconservative 4401 gleich 43,6 pCt., für das Centrum 3590 gleich 35,5 pCt., für die freisinnige Volkspartei 454 gleich 4,6 pCt.; in der Stichwahl erhielt das Centrum 4681 gleich 45,5 und die Freiconservativen 5597 gleich 54,5 pCt. Wäre der Fortschritt und die Socialdemokratie in den beiden Wahlkreisen mächtiger, dann hätte das Centrum gute Chancen. Bei der Hauptwahl sind möglichst viel Stimmen aufzubringen.

3. Reg.-Bez. Breslau. In den 7 Wahlkreisen dieses Bezirks sind bei der Wahl 1893 für das Centrum Stimmen abgegeben in Groß-Wartenberg-Oels bei 25,1 pCt. katholischer Bevölkerung 1907 gleich 11,9 pCt., in Namslau-Brieg bei 29,5 pCt. gar keine, in Ohlau-Nimptsch bei 29,8 pCt. 1013 gleich 5,4 pCt., in Breslau-Ost bei 39,8 pCt. 1552 gleich 6,3 pCt., in Breslau-West bei 35,2 pCt. 1103 gleich 4,2 pCt., in Striegau-Schweidnitz bei 36,9 pCt. 3765 gleich 16,7 pCt. und in Waldenburg bei 28,9 pCt. gar keine. Aus eigener Kraft kann das Centrum keinen dieser Wahlsitze erlangen. Dagegen läßt sich die Wahlkraft des Centrums mindestens dahin verwerthen, daß Breslau-Land und Reichenbach-Neurode und vielleicht auch Striegau-Schweidnitz dem Centrum zufallen könnten. Die Wahlen des Regierungs-Bezirks Breslau sind bisher namentlich in der Wahl 1893 für das Centrum nicht gut ausgefallen. Es dürfte daher an der Zeit sein, hier energisch vorzugehen und zu zeigen, daß bei angestrengter Arbeit sich auch Früchte erzielen lassen an Orten, die man für unfruchtbar hielt. Auf jeden Fall wäre für Breslau

ein Wahlcompromiß, wie es bei München vorgeschlagen ist, zu empfehlen, damit die zu ein Drittel katholische Stadt der Socialdemokratie entrissen würde.

4. Reg.-Bez. Liegnitz. Die hier in Betracht kommenden 3 Kreise Glogau mit 28 pCt., Löwenberg mit 26,2 pCt., und Landeshut-Jauer-Bolkenhain mit 35,2 pCt. katholischer Bevölkerung haben bei der Wahl 1893 überhaupt keine Centrumsstimmen abgegeben. Glogau, namentlich aber Landeshut-Jauer-Bolkenhain könnten bei der Constellation der Verhältnisse für das Centrum in Betracht kommen, da in diesen beiden Wahlkreisen eine erhebliche Anzahl socialdemokratischer Stimmen abgegeben sind: 14,1 und 14,9 pCt. und als herrschende Parteien sich Fortschritt und Conservative ziemlich gleich gegenüberstehen und deshalb Stichwahl erforderlich ist. Gelänge es nun dem Centrums-Candidaten, in die Stichwahl zu kommen, so wäre dessen Sieg wahrscheinlich. Jedenfalls müssen die Stimmen des Centrums im Reg.-Bez. Liegnitz besser verwerthet werden. Nach dem Verhältniß der katholischen Bevölkerung sind im Reg.-Bez. Liegnitz mindestens 30,000 katholische Wähler. Rechnet man davon 2/3 als Centrumswähler, so würden immerhin 20,000 Centrumswähler da sein. Sie haben nach der Constellation der Parteiverhältnisse es überall in der Hand, die Entscheidung zu geben, wenigstens darin, welcher der Candidaten in die Stichwahl kommt. In Verbindung mit den Verhältnissen im Regierungs-Bezirk Breslau wäre daher in Berathung zu ziehen, ob nicht durch ein Wahlbündniß mit einer der Parteien für das Centrum Vortheile zu erreichen wären.

5. Reg.-Bez. Arnsberg. Hier fällt nur der Kreis Dortmund-Hörde mit 38,8 pCt. katholischer Bevölkerung in die Waagschale. In der Wahl 1893 sowohl als bei der Nachwahl im Jahre 1895 ist der Candidat des Centrums nur um ein Geringes zurückgeblieben, um nicht in die Stichwahl zu kommen. 1893 sind 13,188 gleich 28,2 pCt. Centrumsstimmen abgegeben. Würde dem katholischen Verhältniß entsprechend gewählt, dann käme der Candidat des Centrums in die Stichwahl und damit würde der Wahlkreis in den Besitz des Centrums gelangen. Das katholische Vereinsleben ist in Dortmund ein sehr gut entwickeltes; die katholische Bevölkerung nimmt zu, ebenso die Socialdemokratie,

und es steht deshalb zu erwarten, daß Dortmund im Laufe der Zeit zwischen dem Centrum und der Socialdemokratie streitig und dadurch ein ziemlich sicherer Centrums=Wahl= kreis wird.

6. Reg.=Bez. Wiesbaden. In diesem Bezirk kommen die 3 Wahlkreise Wiesbaden=Rheingau mit 40,8 pCt., Ober= lahnkreis=Limburg mit 41,8 pCt. und Stadt Frankfurt mit 29,3 pCt. katholischer Bevölkerung in Betracht. In allen 3 Wahlbezirken ist im Jahre 1893 nicht dem Verhältniß entsprechend gewählt worden. Es wurden abgegeben Stimmen für das Centrum in Wiesbaden=Rheingau 5027 gleich 21,2 pCt., in Oberlahnkreis=Limburg 5555 gleich 32,9 pCt., in Frankfurt 1617 gleich 5,2 pCt. Die ersten beiden Wahlkreise kommen sehr erheblich schon bei der nächsten Wahl in Frage und es ist sehr leicht möglich, daß der eine oder der andere schon bei der nächsten Wahl dem Centrum zufällt. Beide Kreise bedürfen einer besonderen Besprechung. Bei der Wahl im Jahre 1893 standen sich in dem Wahl= kreise Wiesbaden=Rheingau fünf Parteien gegenüber. Frei= sinnige Vereinigung in Verbindung mit den National= liberalen pp., freisinnige Volkspartei, Centrum, Social= demokraten und Antisemiten. Es wurden für die einzelnen Parteien Stimmen abgegeben 6289 gleich 26,5 pCt., 4895 gleich 20,6 pCt., 5027 gleich 21,2 pCt., 6253 gleich 26,4 pCt. und 1245 gleich 5,2 pCt. Es kam deshalb die freisinnige Vereinigung mit den Socialdemokraten in die Stichwahl. Es ist anzunehmen, daß auf Kosten der freisinnigen Ver= einigung die Socialdemokraten und die Antisemiten zunehmen. Es kann also bei einiger Anstrengung des Centrums das Centrum mit der Socialdemokratie in die Stichwahl kommen und dann ist der Sieg des Centrums sicher. 21,2 pCt. Centrumsstimmen bei 40,8 pCt. katholischer Bevölkerung, das ist ein sehr starkes Mißverhältniß, welches zu Gunsten des Centrums sich ändern muß. Eine geringe Anzahl von Stimmen wird hier entscheiden, wer in die Stichwahl kommt und davon hängt der Erfolg ab. Bei der Hauptwahl sind daher die größten Anstrengungen zu machen.

Im Oberlahnkreis ist das Centrum schon bei der Wahl 1893 in die Stichwahl gekommen. Hier hat der größte Theil der anderen Parteien, Fortschritt, Social= demokraten und namentlich der Antisemiten für den national=

liberalen Candidaten gestimmt. Wäre es anders gewesen, dann gehörte der Wahlkreis schon jetzt dem Centrum. Es sind Stimmen abgegeben für die Nationalliberalen 6524 gleich 38,6 pCt., für den Fortschritt 1874 gleich 11,1 pCt., für das Centrum 5555 gleich 32,9 pCt., für die Socialdemokratie 1367 gleich 8,1 pCt. und für die Antisemiten 1562 gleich 9,2 pCt. In der Stichwahl wurden abgegeben für den nationalliberalen Candidaten 9544 gleich 54,6 pCt., für den Centrums-Candidaten 7949 gleich 45,4 pCt. Während also der erstere um 16 pCt. zugenommen hatte, hatte das Centrum nur einen Zuwachs von 12,5 pCt. zu verzeichnen. Bleiben die Verhältnisse so, wie sie sind, so wird das Centrum wieder in die Stichwahl kommen und es wird von den Nebenparteien abhängen, welcher Partei der Sieg zufallen soll. Hoffentlich wird bei der Wahl 1898 einer dieser beiden Wahlkreise dem Centrum zufallen.

7. Reg.-Bez. Coblenz. Hier stehen die beiden Wahlkreise Wetzlar-Altenkirchen mit 27,2 pCt., Kreuznach-Simmern mit 41,4 pCt. katholischer Bevölkerung in Frage. In beiden Wahlkreisen ist bei der Wahl im Jahre 1893 das Centrum in Stichwahl gekommen mit den Nationalliberalen. Es wurden Stimmen abgegeben in Wetzlar-Altenkirchen: für die Nationalliberalen 10,224 gleich 49,2 pCt., für den Fortschritt 1080 gleich 5,2 pCt., für das Centrum 4933 gleich 23,7 pCt., für die Socialdemokraten 1144 gleich 5,5 pCt., für die Antisemiten 3383 gleich 16,3 pCt. In der Stichwahl wurden abgegeben für die Nationalliberalen 13,224 gleich 69,1 pCt., für das Centrum 5911 gleich 30,8 pCt. Bei der Stichwahl war die Betheiligung um 1642 Stimmen geringer wie bei der Hauptwahl. Würden die Antisemiten an Kraft gewinnen und für das Centrum eintreten, dann könnte auch hier das Centrum einmal das Feld behaupten. Jedenfalls muß bei der Hauptwahl alles an die Urne treten, um das Centrum in die Stichwahl zu bringen und so den jetzigen Stand aufrecht zu erhalten.

In Kreuznach-Simmern kam der Centrums-Candidat mit 5404 gleich 30,2 pCt. gegen den nationalliberalen Candidaten v. Cuny in Stichwahl, aber nur aus dem Grunde, weil die Nationalliberalen zwei Candidaten aufgestellt hatten, von denen v. Cuny 6735 Stimmen gleich 37,7 pCt., der andere 5185 gleich 29,0 pCt. erhielt. Wären die Nationalliberalen einig gewesen, dann hätten sie mit 11,920 gleich 66,7 pCt. sofort in der Hauptwahl gesiegt. Der Wahlkreis wird noch für die nächste Zeit dem Nationalliberalismus angehören. Dieser bröckelt aber ab und Antisemiten, Socialdemokratie und Fortschritt nehmen zu, und so ist auch in absehbarer Zeit der Zeitpunkt gekommen, wo das Centrum als in der Mitte stehend den Sieg erringen kann, zumal in Kreuznach-Simmern die katholische Bevölkerung in der Zunahme begriffen ist.

8. Reg.=Bez. Düsseldorf. Auch hier sind 2 Wahlkreise zu erörtern: Solingen mit 35,2 pCt. und Duisburg=Mülheim mit 45,8 pCt. katholischer Bevölkerung. Beide Kreise sind besonders zu behandeln. In Solingen wurden bei der Wahl 1893 Stimmen abgegeben für die Nationalliberalen 5469 gleich 26,5 pCt., für die Fortschrittspartei 695 gleich 3,4 pCt., für das Centrum 4494 gleich 21,8 pCt., für die Socialdemokraten 9902 gleich 48,0 pCt. Es kam in Stichwahl der Nationalliberale mit dem Socialdemokraten. Hätte das Centrum entsprechend den confessionellen Verhältnissen gewählt, so wäre es in die Stichwahl gekommen und hätte wahrscheinlich zwar nicht gesiegt, aber das Feld für den demnächstigen Sieg vorbereitet. Bei der Stichwahl unterlag der nationalliberale Candidat mit 8141 Stimmen gegen 11,761 socialdemokratische. Daß hier ein Zusammenschluß der bürgerlichen Parteien noch mit Erfolg der Socialdemokratie Widerstand leisten kann, hat die Wahl in dem benachbarten Wahlkreise Lennep=Mettmann bewiesen. Hier war bei der ersten Wahl 1893 der socialdemokratische Abgeordnete Meist gewählt. Dessen Wahl wurde für ungültig erklärt und bei der Stichwahl im Jahre 1895 wurde durch Zusammenschluß der bürgerlichen Parteien der freisinnige Abgeordnete Fischbeck gewählt. Vielleicht ließe sich für das Industriegebiet in Rheinland und Westfalen bestehend aus den Wahlkreisen Altena=Iserlohn, Hagen=Schwelm, Bochum, Dortmund, Hamm=Soest, Lennep=Mettmann, Elberfeld=Barmen, Solingen, Düsseldorf, Essen, Duisburg=Mülheim ein Compromiß dahin schließen, daß der Besitzstand der bürgerlichen Parteien in allen den Wahlkreisen, in denen der Abgeordnete als Gegencandidat der Socialdemokratie gewählt ist, gewahrt bleibt, es waren dieses Lennep=Mettmann, Hagen=Schwelm und Düsseldorf, daß in allen andern Wahlkreisen für die Hauptwahl freie Hand gelassen würde, aber

in der Stichwahl mit Candidaten der Socialdemokratie alle
bürgerlichen Parteien für den Candidaten der zur Stichwahl
kommenden bürgerlichen Partei einträten. 3 von den 11
Wahlkreisen hat die Socialdemokratie schon erobert, Dortmund,
Elberfeld und Solingen, mit dem wieder verlorenen Lennep-
Mettmann waren es schon 4 —, in den drei obengenannten
Wahlkreisen hat sie es zur Stichwahl gebracht, in Altena-
Iserlohn, Bochum, Essen und Mülheim hat sie schon achtungs-
werthe Minoritäten erzielt und nur Hamm-Soest, welches
ja auch nur zum Theil industriell ist, ist die Zahl noch unter
10 pCt. geblieben, aber auch hier wird sie wachsen, und
wenn im Industriegebiet nicht bald ein Zusammenschluß der
bürgerlichen Parteien erfolgt, wird das ganze Gebiet der
Socialdemokratie verfallen.

In dem Wahlkreis Duisburg-Mülheim hat das Centrum
bei der Wahl 1893 schon die meisten Stimmen aufgebracht;
14,309 gleich 33,8 pCt. fielen in der Hauptwahl auf das
Centrum und nur 14,251 gleich 33,7 pCt. auf die Nationalliberalen, 6121 gleich 14,5 pCt. auf die Socialdemokratie,
5932 auf die Antisemiten und 1659 gleich 3,9 pCt. auf den
Fortschritt. In der Stichwahl erlangte der nationalliberale
Candidat 23,379 gleich 54,4 pCt. und der Centrums-Candidat
19,585 gleich 45,6 pCt. der Stimmen. Während also der
nationalliberale Candidat um 20,7 pCt. zugenommen hatte,
hat der Centrums-Candidat nur einen Zuwachs von 11,8 pCt.
zu verzeichnen. Hätten die Gegner der Militärvorlage für
den Centrums-Candidaten gestimmt, dann wäre der Sieg
desselben zweifellos gewesen. Aber auch so kann man den
Sieg des nationalliberalen Candidaten nur einen Pyrrhussieg
nennen und über kurz oder lang, hoffentlich schon bei der
nächsten Wahl, fällt der Wahlkreis dem Centrum als reife
Frucht in den Schooß.

9. Reg.-Bez. Trier. Die hier in Frage kommenden
Wahlkreise Saarbrücken und Ottweiler-St. Wendel mit
60,2 und 56,1 pCt. katholischer Bevölkerung müßten schon
längst Centrumswahlkreise sein. Sie sind es aber nicht, weil
hier die Macht eines einzigen Mannes, des Frhrn. v. Stumm,
das Hochkommen des Centrums verhindert. Vorab sind die
Chancen des Centrums noch schlecht, trotzdem bei der Wahl
1893 in Saarbrücken 5826 gleich 24,6 pCt. und in Ottweiler-
St. Wendel 9178 gleich 35,9 pCt. Centrums-Stimmen ab

gegeben sind. Die Verhältnisse bessern sich aber von Jahr zu Jahr, und vielleicht kann schon bei der nächsten Wahl einer dieser Kreise dem Centrum zufallen. Zwischen den Gegnern des Centrums herrschte bisher Einigkeit. Diese ist jetzt auf längere Zeit zerstört, und selbst wenn Friede geschlossen wird; es wird ein fauler Friede werden. Wahrscheinlich wird es schon bei der nächsten Wahl zur Stichwahl kommen in beiden Wahlkreisen, und es ist sehr leicht möglich, daß in dieser das Centrum durch Stimmenthaltung oder vielleicht sogar durch Stimmenzuwachs aus den Reihen seiner bisherigen Gegner siegen wird. Weiter ist nicht außer Acht zu lassen, daß in beiden Wahlkreisen die Socialdemokratie ihren Einzug gehalten hat, und auf Kosten der Centrumsgegner wächst. Beide Wahlkreise bieten ein vorzügliches Feld für weitere Erfolge des Centrums, und wenn die Wahlkreise schon jetzt durch Versammlungen pp. auf die Wichtigkeit der nächsten Wahlen aufmerksam gemacht werden, so kann immerhin schon bei der nächsten Wahl ein Erfolg erzielt werden.

10. **Pfalz.** Hier kommt das Centrum in allen 6 Wahlkreisen, die bisher eine Domäne des Nationalliberalismus waren, in Frage. In zwei Wahlkreisen hat das Centrum es im Jahre 1893 zur Stichwahl gebracht, in Germersheim und in Zweibrücken. Auch in Landau wird es bei der nächsten Wahl zur Stichwahl kommen und bei einiger Anstrengung mit Aussicht auf definitiven Sieg auch in Speyer. In den Kreisen Homburg und Kaiserslautern mit 33 pCt. und 28 pCt. katholischer Bevölkerung und nur 1848 gleich 14,1 pCt. und 2551 gleich 12,8 pCt. Centrums-Stimmen ist eine Aussicht auf Erfolg vorläufig ausgeschlossen. Die übrigen 4 Kreise Speyer, Landau, Germersheim und Zweibrücken bedürfen einer besonderen Besprechung.

a) **Speyer** hat 48,4 pCt. katholische Bevölkerung: es sind bei der Wahl 1893 Stimmen abgegeben für die Nationalliberalen 12,103 gleich 46,4 pCt., für die freisinnige Volkspartei 407 gleich 1,6 pCt., für das Centrum 6130 gleich 23,5 pCt., für die Socialdemokratie 7433 gleich 28,5 pCt. Es kam somit zur Stichwahl zwischen dem nationalliberalen und dem socialdemokratischen Candidaten. Es ist klar, daß bei 48,4 pCt. Katholiken bei einiger Agitation mehr wie 23,5 pCt. Centrums-Stimmen zu erreichen sind. Es kommt dann nicht der socialdemokratische, sondern der Centrums-Candidat in die Stichwahl. Schon hierin allein liegt für die Partei ein erheblicher Vortheil. Es ist daher bei der Hauptwahl mit aller Kraft zu arbeiten, um wenigstens dieses Resultat zu erreichen. Es erscheint in solchem Falle auch ein Sieg des Centrums nicht ausgeschlossen.

b. Landau hat 43,7 pCt. katholische Bevölkerung. Landau hat zwar bei der Wahl 1893 noch den nationalliberalen Candidaten in der Hauptwahl durchgebracht, aber nur mit der geringen Majorität von 50,8 pCt. Es wurden Stimmen abgegeben für die Nationalliberalen 11,582 gleich 50,8 pCt., für die freisinnige Volkspartei 4594 gleich 20,2 pCt., für das Centrum 4934 gleich 21,6 pCt., für die Socialdemokratie 1670 gleich 7,3 pCt. Bei der nächsten Wahl schon wird es hier zur Stichwahl kommen, und da ist wieder das Centrum sowohl nach den Ergebnissen der Wahl 1893 als nach der Confessionalität der Wähler der bestberechtigte Anwärter auf die Stichwahl. Bei einiger Arbeit nur wird das Centrum zur Stichwahl und damit zu einem Siege für die Partei gelangen, auch wenn es demnächst in der Stichwahl nicht Erfolg hat. Jedenfalls wird hier sowohl wie in Speyer durch einen Stichwahlgewinn der spätere Gewinn des Reichstagsmandats überhaupt vorbereitet und somit ist die Arbeit nicht eine verlorene.

c) Germersheim mit 54,2 pCt. katholischer Bevölkerung muß in der nächsten Wahl siegen. Zwar geht aus der Wahlbetheiligung, welche in diesem Wahlkreise mit 88,3 pCt. in der Stichwahl eine der größten in ganz Deutschland gewesen ist, hervor, daß alle Macht und alle Kraft von allen Seiten angespannt ist; aber es ist doch auch eine Thatsache, mit der zu rechnen ist, daß in der Pfalz der Centrumsgedanke in einem Aufschwung begriffen ist, während es in der nationalliberalen Partei gewaltig gährt und brodelt, dieselbe immer größere Rückschritte macht. Auch ist die Socialdemokratie in den Wahlkreis eingedrungen und wird weitere Fortschritte auf Kosten des Nationalliberalismus machen. Bei der Wahl im Jahre 1893 wurden Stimmen abgegeben für die Nationalliberalen 7814 gleich 53,8 pCt., für das Centrum 5946 gleich 40,9 pCt., für die Socialdemokratie 757 gleich 5,2 pCt. In der Stichwahl, die nur dadurch hervorgerufen war, daß zwei nationalliberale Candidaten sich gegenüberstanden, fielen auf das Centrum 7550 gleich 45,9 pCt., auf den nationalliberalen Candidaten 8890 gleich 54,1 pCt. 700 Stimmen für das Centrum mehr und 700 für die Nationalliberalen weniger, und der Sieg ist für das Centrum errungen.

d) Zweibrücken hat 52,4 pCt. katholische Bevölkerung. Bei der Wahl 1893 wurden Stimmen abgegeben 9504 gleich 46,5 pCt. für die Nationalliberalen, 771 gleich 1,8 pCt. für die süddeutsche Volkspartei, 8296 gleich 40,6 pCt. für das Centrum, 1845 gleich 9 pCt. für die Socialdemokraten. In der Stichwahl unterlag der Centrumscandidat mit 10,878 Stimmen gleich 47,9 pCt. gegen 11,855 gleich 52,1 pCt. Hier gilt das bei Germersheim Gesagte. In der Stichwahl haben 90,8 pCt. aller Wähler gewählt. Es ist dieses die größte Wahlbetheiligung im ganzen Deutschen Reiche gewesen. 500 Stimmen mehr auf der Centrumsseite und weniger auf der nationalliberalen hätten den Sieg des Centrums bewirkt. Von Rechts wegen müßten Zweibrücken und Germersheim in den nächsten Wahlen dem Centrum zufallen.

11. Königreich Württemberg hat vier hier in Frage kommende Wahlkreise, Freudenstadt-Horb, Balingen, Gmünd-Göppingen und Geislingen-Ulm mit resp. 39,4, 48,6, 27,7 und 25,3 pCt. Katholiken. Es wurden 1893 abgegeben Stimmen für das Centrum resp. 3357 gleich 21,5, 3417 gleich 18,3, 2613 gleich 13,3 pCt. und 1644 gleich 7,9 pCt. Zur Stichwahl hat es das Centrum in keinem der 4 Wahlkreise gebracht. Auch hier wie überhaupt in Süddeutschland ist für das Centrum das größte Hinderniß bei den Stichwahlen, daß in keinem Wahlkreise in irgend erheblicher Weise die conservative Partei betheiligt ist, Gegencandidaten des Centrums vielmehr nur Nationalliberale, Volkspartei und Socialdemokraten, also sämmtlich links stehende Parteien sind. Deshalb ist auch in den Kreisen Freudenstadt-Horb und Balingen eine Aussicht auf Erfolg selbst dann nicht vorhanden, wenn das Centrum es bis zur Stichwahl bringt. Nur im Wege des Wahlbündnisses könnte ein Wahlkreis erobert werden.

12. Im Großherzogthum Baden kommen 6 Wahlkreise in Frage: Donaueschingen, Ettlingen Durlach, Karlsruhe-Bruchsal, Mannheim-Schwetzingen, Heidelberg-Eberbach und

Sinsheim-Eppingen mit sehr großem Procentsatz katholischer Bevölkerung.

In 4 dieser Wahlkreise, Ettlingen-Durlach mit 39,3 pCt. Katholiken, Karlsruhe-Bruchsal mit 48,1 pCt., Mannheim-Schwetzingen mit 42,6 pCt. und Heidelberg-Moosbach mit 36,4 pCt. sind Stimmen für das Centrum im Jahre 1893 überhaupt nicht abgegeben, in Donaueschingen kam bei 84,4 pCt. katholischer Bevölkerung das Centrum in die Stichwahl. Hier wurden Stimmen abgegeben für die Conservativen (Mischmasch) 8666 gleich 48,6 pCt., für die freisinnige Volkspartei 975 gleich 5,5 pCt., für das Centrum 6975 gleich 39,2 pCt., für die Socialdemokraten 1178 gleich 6,6 pCt. In der Stichwahl siegte der Mischmasch-Candidat Frhr. v. Hornstein mit 10,622 Stimmen gleich 52,9 pCt. über den Centrums-Candidaten mit 9451 gleich 47,1 pCt. Schon zweimal ist in der laufenden Session eine Neuwahl nothwendig geworden, indem die bisherigen Abgeordneten Frhr. v. Hornstein und Fürst v. Fürstenberg mit Tod abgegangen sind, die erste Nachwahl fiel, da Fürst v. Fürstenberg Gegencandidat war, für das Centrum nicht gut aus. Bei der letzten Nachwahl aber ist das Centrum in der Stichwahl nur mit 11 Stimmen Minorität unterlegen. Es wurden für das Centrum abgegeben 10,251, für die Nationalliberalen 10,262 Stimmen. Es ist gegen die Wahl Protest erhoben und es steht zu erwarten, daß bei der demnächstigen Wahl schon der Candidat des Centrums mit einer größeren Majorität gewählt wird. Man ist um so mehr zu dieser Hoffnung berechtigt, als ja in Baden der Centrumsgedanke in den letzten Jahren überall erheblich zugenommen hat. Es ist überhaupt verwunderlich, daß ein Wahlkreis mit mehr als 4 Fünftel katholischer Bevölkerung noch niemals einen Centrumsmann gewählt hat. So etwas ist nur in dem liberalen Baden möglich.

In dem sechsten Wahlkreise endlich, Sinsheim-Eppingen, mit 42,9 pCt. katholischer Bevölkerung hat es das Centrum ebenfalls im Jahre 1893 zur Stichwahl gebracht. Es sind hier Stimmen abgegeben für die Conservativen 7386 gleich 39,9 pCt., für die freisinnige Volkspartei 735 gleich 4,0 pCt., für das Centrum 5874 gleich 31,8 pCt., für die Socialdemokraten 900 gleich 4,9 pCt., für die Antisemiten 3573 gleich 19,3 pCt. In der Stichwahl siegte der conservative

Candidat mit 11,779 gleich 58,4 pCt., während das Centrum 8389 gleich 41,6 pCt. erhielt. Der conservative Candidat hat mithin 18,5 pCt., der Centrumscandidat nur 9,8 pCt. Zuwachs erhalten. Die Aussichten erscheinen zwar zur Zeit für Sinsheim-Eppingen noch nicht sehr rosig, allein durch eine verständige Operation und Agitation müßte es doch zu erreichen sein, daß nicht nur die zweifelhaften Wahlkreise Waldshut, Lörrach, Freiburg, Lahr und Offenburg dem Centrum verbleiben, sondern daß auch Donaueschingen und vielleicht auch Sinsheim-Eppingen dem Centrum zufallen. Hat ja doch das Centrum auch in den Wahlkreisen Ettlingen-Durlach, Karlsruhe-Bruchsal, Mannheim-Schwetzingen und Heidelberg-Ettlingen den Ausschlag dahin, welche der Parteien zur Stichwahl kommen soll und in dieser die Majorität erhält. Also selbst für das so liberale Baden sind die Aussichten des Centrums sehr günstig in Beziehung auf einen weiteren Gewinn an Mandaten.

13. Im Großherzogthum Hessen kommen 3 Wahlkreise in Frage. Dieburg-Offenbach mit 40,8 pCt., Worms mit 44,9 pCt. und Bingen-Alzey mit 38,8 pCt. katholischer Bevölkerung. In Dieburg-Offenbach wurden 1893 Stimmen abgegeben für die Nationalliberalen 6683 gleich 27,9 pCt., für das Centrum 3471 gleich 14,5 pCt., für die Socialdemokratie 11,063 gleich 46,3 pCt., für die Antisemiten 2669 gleich 11,2 pCt. Es kam deshalb der socialdemokratische Abgeordnete mit dem nationalliberalen in die Stichwahl und siegte darin. Sollte der zu 40,6 pCt. katholische Wahlkreis nicht so viel Stimmen aufbringen können, um mit dem socialdemokratischen in die Stichwahl zu kommen und damit vielleicht zum Sieg zu gelangen? In Worms wurden Stimmen abgegeben für die Nationalliberalen 10,229 gleich 59,2 pCt., für die freisinnige Volkspartei 1012 gleich 5,9 pCt., für das Centrum 3738 gleich 21,6 pCt., für die Socialdemokratie 2236 gleich 12,9 pCt. Es ist trotz der großen Stimmenzahl für die Nationalliberalen namentlich mit Rücksicht darauf, daß für das Centrum relativ sehr wenig Stimmen abgegeben sind, und die Socialdemokratie in der Zunahme begriffen ist auf Kosten des Nationalliberalismus, sehr leicht möglich, daß es schon bei der nächsten Reichstagswahl zur Stichwahl kommt, bei der nach Lage der Verhältnisse das Centrum der Nächstberechtigte ist.

Ein Sieg in der Stichwahl erscheint zwar vorläufig noch nicht nahestehend, es erscheint aber nicht ausgeschlossen, daß ein solcher Sieg einmal erreicht wird, da ja Worms zu 44,9 pCt. katholisch ist. Die Bildung katholischer Vereine, Hebung katholischen Lebens werden sehr dazu beitragen, den zukünftigen Sieg vorzubereiten. Günstiger noch sind die Aussichten in Bingen-Alzey. Hier stehen sich die 3 Parteien der Nationalliberalen, der freisinnigen Volkspartei und des Centrums in fast gleicher Stärke gegenüber. Bei der Wahl im Jahre 1893 wurden Stimmen abgegeben 4650 gleich 28,3 pCt. für die Nationalliberalen, 5105 gleich 31,1 pCt. für die freisinnige Volkspartei, 4474 gleich 27,3 pCt. für das Centrum, 1768 gleich 10,8 pCt. für die Socialdemokratie und 389 gleich 2,4 pCt. für die Antisemiten. Also nur um 176 Stimmen ist das Centrum hinter dem nationalliberalen Candidaten zurückgeblieben. 177 Stimmen mehr abgegeben für das Centrum hätte dieses in die Stichwahl gebracht und wäre damit doch ein Erfolg erzielt, auch wenn der Sieg in der Stichwahl nicht erreicht wäre. Also auch im Großherzogthum Hessen stehen dem Centrum noch Erfolge in Aussicht.

Nach vorstehender Erörterung ergiebt sich überall das erfreuliche Resultat, daß das Centrum seinen Höhepunkt noch lange nicht überschritten hat. Mag der Sturm an dem Centrumsthurm schütteln und rütteln, auf absehbare Zeit steht er fest. Das Centrum hat die Natur einer Hydra, für jeden abgeschlagenen Kopf, denn wo scharf gekämpft wird, da giebt es Todte, und vielleicht wird auch das Centrum hier und da einen für sicher gehaltenen Wahlkreis verlieren, werden ihm zwei neue Köpfe zuwachsen, das steht nach den Resultaten der letzten Wahlen fest. Es wird bei der nächsten Wahl nicht schwächer, es wird in gleicher Stärke und wahrscheinlich in größerer Stärke in den Reichstag wieder einziehen, wie im Jahre 1893. Sollten die verbündeten Regierungen hoffen, es schweben ja schon seit längerer Zeit Auflösungsgerüchte, Neuwahlen würden im Falle einer Auflösung das Centrum schwächen, so ist diese Hoffnung eine vergebliche; ob es mit oder ohne Begünstigung seitens der Regierungen oder sogar bekämpft auf's Heftigste von ihnen in den Wahlkampf einzutreten hat, das Centrum wird in alter Stärke wiederkehren; der Centrumsthurm bröckelt noch nicht.

Zum Schluß soll dann noch mit einigen Worten der Wahlen der Polen und Elsässer gedacht werden. Die von diesen vertretenen Wahlkreise sind nämlich auch überwiegend katholisch und ist deshalb wohl auch die Frage zu erörtern, ob es angebracht erscheint, daß auch hier das Centrum mit eigenen Candidaten hervortreten soll.

Diese Frage ist nun, was die polnischen Wahlkreise betrifft, zu verneinen, da hier einerseits jeder Erfolg mit Ausnahme vielleicht der Wahlkreise Flatow=Schlochau und Deutsch=Krone ausgeschlossen erscheint, es andererseits aber auch unzulässig ist, feindliche Schritte gegen einen treuen Bundesgenossen zu richten. Die Polen sind in den bösen Zeiten des Culturkampfs treue Bundesgenossen des Centrums gewesen und auch in den übrigen politischen Fragen haben in der Regel Centrum und Polen Schulter an Schulter gekämpft, so daß es unklug sein würde, in eine solche lang=jährige Freundschaft und Bundesgenossenschaft einen Keil zu treiben. So wie es nun aber seitens des Centrums nicht gut gethan wäre, in die polnischen Wahlkreise einzu=brechen, so müssen aber auch andererseits die Polen den=selben Grundsatz handhaben und nicht in den festen Besitz des Centrums eindringen, wie sie es im Jahre 1893 that=sächlich bezüglich des Wahlkreises Allenstein=Rössel gethan haben und zwar mit Erfolg gethan haben, indem sie diesen alten Centrumssitz mit Hülfe der früheren Gegner, der Conservativen und Nationalliberalen dem Centrum ab=gerungen haben. Es war dieses zweifellos ein großer tactischer Fehler seitens der Polen, und wenn dieser Fehler nicht dazu beigetragen hat, das bisherige gute Einverständniß zwischen Polen und Centrum zu stören, so könnte doch ein Festhalten an dieser verkehrten Wahltactik für die Zukunft von schlimmer Wirkung sein. Es erscheint deshalb richtig, daß zwischen Centrum und Polen der Besitzstand der Partei festgestellt und in diesen Besitzstand nicht eingegriffen wird, daß weiter bez. streitiger Kreise, die bis jetzt noch nicht im Besitze einer der beiden Parteien gewesen ist, ein Ein=verständniß über die Aufstellung der Candidaten erzielt wird.

Anders dagegen ist die Frage bezüglich der Wahlen im Elsaß zu beantworten. Die Bevölkerung aller elsässisch=lothringischen Wahlkreise ist in ihrer übergroßen Mehrheit katholisch. Bis zum Jahre 1893 fielen alle Wahlkreise den

Elſaß-Lothringern zu. Allein der Proteſtgedanke iſt zweifellos in Elſaß-Lothringen im Schwinden begriffen, und es wird dieſes immer mehr der Fall ſein, da die Zahl der unter franzöſiſcher Herrſchaft groß gewordenen Wähler von Jahr zu Jahr abnimmt, dagegen die Zahl der Altdeutſchen und der unter deutſchem Regime groß gewordenen Wähler von Jahr zu Jahr zunimmt. Bei der Wahl im Jahre 1893 haben die Proteſtler von ihren 15 ſicheren Wahlkreiſen 7 alſo nahezu die Hälfte verloren, und zwar an die verſchiedenſten Parteien, darunter 2 an die Socialdemokraten. Soll nun das Centrum zuſehen, wie die Partei der Elſaß-Lothringer Wahlkreis für Wahlkreis an andere Parteien verliert, wie ein Wahlkreis nach dem andern in Elſaß-Lothringen der Socialdemokratie anheimfällt? Und da muß man doch ſagen, daß das Centrum einem ſolchen Zuſtande nicht unthätig gegenüber bleiben kann, daß das Centrum nicht dulden darf, daß katholiſche Wahlkreiſe mit mehr als 80 und 90 pCt. katholiſcher Bevölkerung anderen Parteien und gar der Socialdemokratie anheimfallen. Es iſt deshalb hohe Zeit, daß das katholiſche Bewußtſein in Elſaß-Lothringen geweckt wird, daß das Centrum jetzt den ernſtlichen Verſuch macht, in Elſaß-Lothringen feſten Fuß zu faſſen. Es iſt dieſes um ſo nothwendiger, als die proteſtleriſchen Abgeordneten von Elſaß-Lothringen ſich an den Geſchäften des Reichstages wenig oder gar nicht zu betheiligen pflegen, und es daher nur eine Frage der Zeit iſt, wann der letzte proteſtleriſche Abgeordnete in den deutſchen Reichstag einzieht. Wenn einmal die Erbſchaft bezüglich der proteſtleriſchen Wahlkreiſe angetreten iſt, wenn die einzelnen Wahlkreiſe ſich für andere Parteien definitiv entſchieden haben, dann hält es ſchwer, die dem Centrum der Confeſſionalität nach von Rechts wegen zuſtehenden Wahlkreiſe wieder zu erobern, während es jetzt noch verhältnißmäßig leicht ſein wird, einen erheblichen Theil der Wahlkreiſe ſucceſſive zu erringen. Das Centrum muß deshalb jetzt die günſtige Lage benutzen und wenn auch nicht direct gegen die bisherigen Vertreter, ſo doch neben denſelben zu verſuchen, von Wählern an ſich zu ziehen, was möglich iſt, um zu verhindern, daß die ſämmtlichen elſaß-lothringiſchen katholiſchen Wahlkreiſe in die Hände der Centrums-Gegner fallen. Ein Compromiß mit der Parteileitung bez. event.

Stichwahlen würde dabei von bedeutsamer Wirkung sein. Getrennt marschiren, vereint schlagen, das würde für die Wahlen in Elsaß-Lothringen für das Centrum und seine bisherigen Verbündeten, die Elsaß-Lothringer, das Beste sein, und so würde auch Aussicht darauf sein, daß die zukünftigen Wahlen dort dazu beitragen werden, das Centrum noch größer zu machen, als es jetzt schon ist.

**Verlag der Germania, A.-G. für Verlag und Druckerei,
Berlin C., Stralauerstraße 25.**

Schwarze, W., Amtsgerichtsrath und Reichstags-Abgeordneter:

Wird die Centrumspartei die ausschlaggebende Partei im Reichstage bleiben?

Statistischer Wahlbericht, erstattet den Centrumswählern.
43 S. 1894. Preis 60 Pfg.

Das Deutsche Volksblatt, Stuttgart, beurtheilt das Büchlein u. A.:

„Diese hervorragend actuelle Broschüre ist von größtem Interesse für alle Angehörigen der Centrumspartei. Neben einer genauen Statistik der Wahlresultate nach Regierungsbezirken geordnet, giebt der Verfasser in dem Büchlein höchst beachtenswerthe Winke für die Central-, Provinzial- und Kreiswahlvorstände, die, wenn beachtet, ganz gewiß bei ferneren Wahlen gute Erfolge zeitigen werden." — Der Nassauer Bote schreibt u. A.: „Will man überall die Winke, die der Verfasser für die Wahlen giebt, beherzigen, dann wird jedenfalls der gute Erfolg nicht ausbleiben. Die Schwarze'sche Schrift verdient daher allerseits ernste Beachtung und wird hoffentlich recht aufmerksam gelesen werden."

Satzungen, Wahl-Programme
und
Mitglieder-Verzeichniß

der Centrums-Fraktionen des Deutschen Reichstages
und des
Preußischen Abgeordnetenhauses.
1894. 64 S. 75 Pfg.

Jäger, Dr. **Eugen**:

Die Handwerkerfrage.

I. Abtheilung.
Geschichte der Handwerkerbewegung bis zum Jahre 1884.
XII. 349 S. 3 Mk.

Jäger, Dr. **Eugen**:

Das Genossenschaftswesen
und die
Reform des Genossenschaftsgesetzes.

1884. 81 S. Preis 1 Mk.

Wenzel, Johannes, Domvicar und Mitgl. d. deutsch. Reichstages

Arbeiterschutz und Centrum,
mit Berücksichtigung der übrigen Parteien.
Ein Beitrag zur Socialreform im Deutschen Reiche.
1893. VII, 224 S. 1 Mk.

Preßstimmen:

Correspondenzblatt für Präsides kath. Vereinigungen arbeitender Stände-Köln. Dieses Buch bietet eine Fülle von Material über die Bemühungen des Centrums um das allmähliche Zustandekommen der heutigen Arbeiterschutzgesetze. Dieses Material ist hauptsächlich geschöpft aus den amtlichen Quellen für die Verhandlungen des Reichstages, obwohl auch Berichte über anderweitige Versammlungen und sonstige Quellen Berücksichtigung fanden. Die Darstellung erfolgt in chronologischer Weise, ohne daß ausdrücklich auf den pragmatischen Zusammenhang hingewiesen würde. Kurz, das Buch ist keine eigentliche Geschichte, aber eine werthvolle Materialiensammlung. Ein Inhaltsverzeichniß und ein Namen- und Sach-Register erleichtern den Gebrauch.

Literarische Rundschau-Freiburg. Der Herr Verfasser, Mitglied des deutschen Reichstags, liefert durch diese Sammlung nicht bloß überhaupt einen Beitrag zur Geschichte der Socialreform im Deutschen Reiche, sondern er zeigt insbesondere das Wirken des katholischen Deutschlands in seiner politischen Vertretung, der Fraction des Centrums, in Bezug auf den Arbeiterschutz. „Ohne Centrum hätten wir keine Socialreform", dieses ist das Resultat, das jeder objective Leser des verdienstvollen Werkes gewinnt. Daß das Buch zugleich eine Fundgrube an Material für das Studium der Arbeiterfrage bildet, braucht kaum bemerkt zu werden. Der billige Preis ermöglicht dieser Apologie der Thätigkeit des Centrums für Lösung der socialen Frage die weiteste Verbreitung.

Pichler, Domvicar Dr., Mitglied des deutschen Reichstages und der bayr. Abgeordnetenkammer:

Zur Agrarfrage der Gegenwart.
1897. 27 S. 35 Pfg.

Die Vorträge des auf dem Gebiete der Agrarfrage hervorragend thätigen Parlamentariers wurden in Gmünd mit größtem Beifall aufgenommen. Dieselben verbreiteten sich in übersichtlicher, klarer Weise über die Ursachen der gegenwärtigen Nothlage und die Mittel zur Abhilfe. - Der Verfasser ist bestrebt gewesen, in den beiden Vorträgen Aufklärungen zu geben, gleichzeitig aber auch Anregungen für die Privatthätigkeit und Anhaltspunkte zur Würdigung der gesetzgeberischen Aufgaben zur Besserung des landwirthschaftlichen Nothstandes. - Jeder Interessent wird das Büchlein mit Nutzen lesen können.